工资理财

0到30万的财富积累

罗春秋◎编著

中国铁道出版社有限公司
CHINA RAILWAY PUBLISHING HOUSE CO., LTD.

内 容 简 介

本书内容全面，采用故事案例、实操相结合的方式，对理财观念、家庭现状、投资常识、理财工具等方面的理论知识与相关的实操内容进行讲解。

全书共包括10章内容，具体包括小白如何算家底、工资如何花才能舒心又省钱、互联网如何有技巧地掘金、如何储蓄才能盈利、如何正确地使用信用卡、工薪族如何选基金、债市如何才能高收益、股市如何以小博大、保险买多少才合适、高水准理财如何玩等。

本书特别适合于有志理财的青年人、职场新人、自由职业人、刚刚毕业的大学生、职场白领等使用。此外，本书也可以作为大专院校和相关培训机构的理财培训用书。

图书在版编目（CIP）数据

工资理财:0到30万的财富积累/罗春秋编著.—北京：中国铁道出版社有限公司，2019.9（2021.9重印）
ISBN 978-7-113-26027-9

Ⅰ.①工… Ⅱ.①罗… Ⅲ.①工资-私人投资-基本知识 Ⅳ.①F830.59

中国版本图书馆CIP数据核字（2019）第140001号

书　　名： 工资理财：0到30万的财富积累
GONGZI LICAI: 0 DAO 30 WAN DE CAIFU JILEI
作　　者： 罗春秋

策　　划： 张亚慧　　**编辑部电话：**（010）51873035　　**邮箱：** lampard@vip.163.com
责任编辑： 苏　茜
封面设计： MXK DESIGN STUDIO
责任印制： 赵星辰

出版发行： 中国铁道出版社有限公司（100054，北京市西城区右安门西街8号）
印　　刷： 三河市兴达印务有限公司
版　　次： 2019年9月第1版　2021年9月第5次印刷
开　　本： 700mm×1 000mm　1/16　**印张：** 14.75　**字数：** 203千
书　　号： ISBN 978-7-113-26027-9
定　　价： 55.00元

— 前言 —

你有没有过这样的困境：作为一名工薪族，工作不久，积蓄不多，每个月工资一发，花呗或信用卡一还，工资卡马上清零。你每次告诉自己，这个月省着点花，但是每到还款日，看着那账单上的数字，吓了一大跳，周而复始，几年下来也没有多少积蓄。女友说，要结婚、要买房，接下来怎么办？

要摆脱这些困境，在坚持中华民族勤俭节约的传统美德的基础上，仅靠工资收入还是不够的，薪资只能满足日常的基本花费及温饱需求。若对生活有更高品质的追求，还需要靠理财来实现。所谓“三分天注定，七分靠打拼”。这世间，一切的财富创造还是要靠个人的努力与打拼，即使继承了大额遗产，也需要懂得节俭，并适当理财，否则也不能持久。

当然，没有天生的理财高手，只有后天肯努力的小白，小白们如何赚得家底，让生活品质变得更高，从物质上、精神上、健康上以及家庭和社会关系上达到富足的状态，是我们需要思考的问题。

为了帮助理财者们从第一个月的薪资开始，实现 0 到 30 万元的财富积累，我们编写了本书。对于工薪族来说，理财人群常分为小白和具有一些投资经验的人群。为此，我们在策划本书时都是由浅入深、通俗易懂、易于掌握。

本书共 10 章，大概内容如下。

- 第 1 章，其内容主要是讲述小白们在理财之前，对于家底的清算，以便对理财资金进行合理配置，而清算主要通过 11 个问题来体现。通过对本章的学习，可让理财者们更清晰地认识自己的资产和负债，为下一步作出理财规划打下基础。
- 第 2 章，其内容主要介绍日常生活中如何舒心又省钱地花钱。通过一些小技巧，在开源之前先节流，帮助理财者有计划、有规律、有逻辑的去消费。
- 第 3 章，其内容主要是从互联网金融小常识的理论说起，到接下来的支付宝、微信、零钱宝、蚂蚁花呗、蚂蚁借呗、京东白条、P2P、众筹、百度百赚小工具的使用，包括从开通到基本的运用等内容，实现从理论到实操的过渡，通篇内容简单易学。通过对本章的学习，可帮助理财者们在日常生活消费的同时，通过互联网理财工具的使用，实现个人财富增值，同时还能开源节流。

- 第 4 章，其内容主要围绕着储蓄和理财产品进行描述，从一些基本的常识到实操小技巧以及日常的使用注意事项，同时本章还对减少转账费用、防范网银被盗、防范银行短信诈骗等进行说明。通过对本章的学习，可帮助理财者了解最安全稳定的投资及储蓄。
- 第 5 章，其内容主要是对信用卡常见问题进行说明，如刷卡误区、信用卡额度、信用卡用卡规则、免息贷款、信用卡积分、信用卡分期等。通过对本章的学习，可告诉理财者如何合理、正确地使用信用卡。
- 第 6 章，其内容主要告诉新手投资基金的一些小技能，实用性较强。通过对本章的学习，可告诉理财者如何选到自己的第一只“基”。
- 第 7 章，其内容主要是简单介绍债券常识、投资误区、投资技巧，通过对本章的学习，可告诉理财者选到心仪的债券很简单，组合投资也不难。
- 第 8 章，其内容主要是对股市干货进行分享，还包括一些股市操作小技巧。通过对本章的学习，可帮助理财者选择到一只适合自己的股票。
- 第 9 章，其内容主要是对于家庭需要的保险进行简单说明。通过对本章的学习，可帮助理财者进行家庭保险资金配置，并选择合适的保险品种。
- 第 10 章，其内容主要是对于基础理财之外的一个升级版，主要介绍一些升级金融产品。通过对本章的学习，可帮助投资者进一步提高自身的理财技能，实现收益的多样化。

本书的优势在于通过丰富的故事、案例、表格等，将复杂的知识简单有趣化，让读者在一种轻松、有趣的阅读氛围中学习相关知识。本书的读者针对的是有志理财的青年人、自由职业人、职场新人、刚刚毕业的大学生、职场白领等。

最后，希望所有读者能够从本书中受到启发，开源节流、齐头并进，君子爱财，取之有道，愿每个人都能走上适合自己的理财之路。

编　者

2019 年 6 月

— 目录 —

第 1 章　小白算家底，理财十一问

这世上，普通人毕竟偏多，所以，要想拥有一定家底是需要努力的。没有天生的理财高手，只有后天努力的小白，小白们如何赚得家底，最佳途径是理财。理财很茫然？问天问地还是问自己吧，理财十一问，个个不能少。

我有一个梦想，第一桶金在哪里……2
下班以后，你是刷股市还是朋友圈……4
给你 10 万元，你会怎么花……6
工薪阶层的理财问题在哪里……8
每个月的工资，你是如何分配的……10
四大账户，有没有……11
信用卡除了刷爆，还能干什么……13
你花过的最值得的一笔钱去哪了……15
毕业 5 年了，存款有多少……17
这些赚钱的业余爱好，你试过吗……19
理财 APP，你手机里有几个……21
本章小结……24

第 2 章　工资要会花，生活理财讲方法

同样是普通的工薪族，有的人每月工资全花掉，信用卡还要来报道；有的人不仅工资剩一半，还能有一点点存款。同样都是在衣食住行上花钱，差别为什么会这么大？怎么才算会花钱？即使工资不高，又怎么能让工资有结余？这些都需要掌握一定的方法。

消费“重灾区”，做好节日理财……26
出门旅行，如何舒心又省钱……28
团购、DIY，购物狂如何开源节流……30

公交挤爆了，买款适合自己的爱车......32
活用公积金，买个小蜗居......34
巧用公积金，不买房也能增收 10%......37
装修省钱小妙招，了解一下......40
票子少了，家庭理财工具来报道......41
咱们结婚吧，婚礼账算一算......43
宝宝来报道，必要开销少不了......44
家庭财产配置四规律，你知道吗......46
本章小结......48

第 3 章　互联网掘金，工薪小白领有门道

我们常听到互联网+的说法，互联网+医疗，互联网+养生，互联网+金融等。如果要理财，我们肯定是需要认识互联网+金融的，可是你真的了解互联网金融吗？支付宝、微信、零钱宝、余额宝、蚂蚁花呗、京东白条、众筹、百度百赚是互联网金融吗？怎么玩？

互联网金融小知识，了解一下......50
支付宝与微信理财通到底哪个好......52
余额宝利率持续走低，还值得投资吗......57
零钱宝和余额宝相比究竟谁更胜一筹......59
手把手教你玩转蚂蚁花呗、借呗......62
京东白条你会使用吗......69
P2P 网贷理财，安全要放在第一位......72
众筹理财全攻略......74
百度百赚是否真的“稳赚”......76
本章小结......78

第 4 章　储蓄与银行理财，让工资有“利”可图

储蓄作为中华民族传统美德之一，延续至今，是有其特色价值的，那么，我们该如何来理解储蓄？如何选择适合自己的储蓄？在利率变动下，我们选择哪一种储蓄最合适？银行理财行动小计划怎么做？

利率善变，储蓄方式该如何选择......80
转账费用少支出，妙招来报道......85
怕网银被盗，六招来防范......86
银行卡短信诈骗，三招交给你......90
储蓄还是银行理财，不要傻傻分不清楚......92
存 1 年还是存 5 年，有多大差别......95
银行理财的 10 种防忽悠模式，正式开启......96
教你制定一个理财行动小计划......98
本章小结......100

第 5 章　信用卡，你用对了吗

年轻人消费的时代，是信用卡的时代，没有几个年轻人没有几张信用卡，很多商业大佬，出门消费也是人手一张信用卡。可是在这个信用卡的时代，你真的会用信用卡吗？刷卡误区你知道吗？现有的额度适合你吗？......

刷卡几大误区，你一定要知道......102
信用卡额度，一定要适合自己......103
信用卡“潜规则”，了解一下......105
免息贷款，难以抵御的诱惑......107
信用卡里的积分，怎么玩......109
网上申请信用卡，怎么做......111
多张信用卡，如何刷更实惠......114
信用卡还款有学问，你读懂了吗......116

看懂分期付款的利与弊……119
本章小结……122

第 6 章　投“基”莫投机，工薪族重点学这些

投基和投机听起来差不多，但背后所代表的意义却差多了。投基一般指的是对于基金的购买，而投机，更多出现在证券市场，是个人高卖低买博取差价的一种交易行为。对于工薪族来说，显然投基才是目标，投基莫投机才好，那么对于投基该如何去做呢？

新手投资基金第一课……124
怎样判断基金的赚钱能力……127
揭开基金定投的神秘面纱……129
余额宝的灵魂，其实是货币基金……131
保本基金，怎么买才保本……133
面对分红基金，要保持淡定……134
使出相亲的尽头，从 5000 只基金里挑个好的……136
对于基金排名，要理性对待……138
基金买卖手续费，节省有妙招……141
基金投资小流程，了解一下……143
本章小结……146

第 7 章　想要低风险高收益，债市就该这么玩

股市动荡，不少投资者作出的投资策略都是求稳，当然求稳的同时，能获得预期收益就更好了，除了常见的储蓄、银行理财、基金等，债市就是一个不错的选择。

适合“随性”青年的债券，有没有……148
怎么当个好“债主”，这些要知道……149
债券的风险因素，要提前了解……152

债市投资那些坑，千万要注意……154
债券的收益，你会计算吗……156
国债小常识，了解一下……157
债券基金怎么玩，一大波干货正在靠近……161
本章小结……164

第 8 章　股市投资，薪水以小博大也是有可能

股市风云变化，成者王败者寇，是望股止步还是勇往直前？是阻力还是动力？即使三分天注定，还有七分靠打拼，所以作为工薪族们，同样可以以适当的薪水来以小博大。

小白入股市，怎样才能不会被暴打……166
看懂这四大指标，找到属于你的绩优稳健股……170
“牛魔王”来发糖，牛市了解一下……172
前方“熊孩子”出没，熊市要当心……174
小白们，选好你的第一只股……176
第一步走起，选好券商开个户……179
套牢小白，怎么来解套……180
网上炒股，你需要注意的事儿……182
估值选股七要诀，送给你……184
本章小结……186

第 9 章　即使工资少，保险少不了

保险这个词，经常会提到，“他”并不是你耳边的过客，“他”是生病时昂贵的医药费，是意外发生时留给家里的一笔储蓄，是年老时的一份生活尊严。这一生，你不离，“他”必不弃。保险的本质是为未来的风险买单，所以需要提前规划，对于工薪族来说，即使工资少，适当的保险少不了。

社保已买，商业险要吗……188

怎样选择满意的保险公司......190
保额越高越好？不是那么回事儿......192
保险金三角，你不知道的事儿......194
高压力高风险，重疾险来报道......196
女性保险，买哪些？......200
保险有分红，红包有多大......202
属于月光族的保险配置，你一定要知道......204
怎样为你的爱车投保最划算......205
本章小结......208

第 10 章　理财技能小提升，高水准理财全掌握

作为一名有追求的工薪族，除了掌握基本的理财技能，适当的高水平理财还是应该有了解，甚至能掌握。随着收入和经验的增加，建立一套属于自己的高水准理财方法。

股市有风险，期货市场看一看......210
期货与期权，可不只差一个字......213
汇率和利率，区别在哪里......215
纸黄金，那些需要注意的事儿......217
集邮者们，疯涨有风险......219
额外小福利，理财常识大放送险......223
本章小结......225

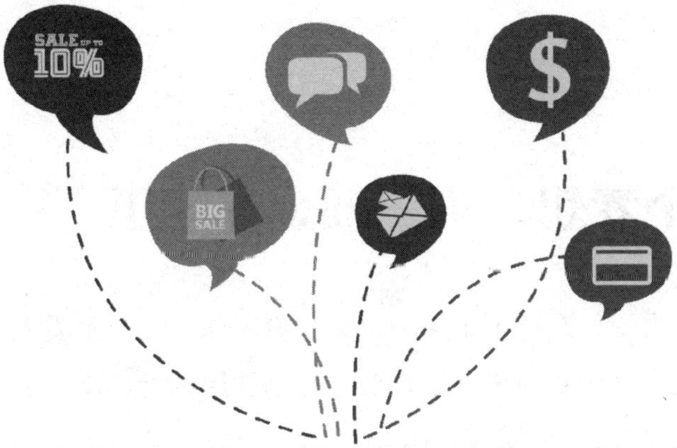

第 1 章

小白算家底，理财十一问

一切的财富都是由人来创造的。当然，有的人前半生可能生于富贵人家，家底颇丰，但是也来源于传承，自身的家底还需要自身去奋斗。

有的人，前半生可能生在贫寒人家，所有的家底都要一砖一瓦亲手打造，通过自身努力以及各方际遇，也终能拥有丰厚家底。

这世上，普通人家的毕竟偏多，所以，要想拥有一定家底是需要努力的。没有天生的理财高手，只有后天努力的小白，小白们如何赚得家底，最佳途径是理财。理财很茫然？问天问地还是问自己吧，理财十一问，个个不能少。

我有一个梦想，第一桶金在哪里

对于人生来说，有许多个第一，第一份工作，第一个爱人，第一个家等，每一个第一在生命的长河里都很重要，它往往影响着你以后的人生路。

财富世界亦是如此，第一桶金相当重要。对于白手起家的人来说，如果赚到第一个 100 万元需要 10 年，那么从 100 万元到 1000 万元，也许只需要 5 年，再从 1000 万元到 1 亿元，也许 3 年就够了。

“第一桶金”是“0”到“1”的临界点，是从无到有的突破。而对于第一桶金，不应盲目追求，应有一定的规划。

职场新人或者积蓄不多的小白们，工资不高，但是消费不少，而且随着年龄增长还面临着结婚、买房、生子等。这些都需要提前规划，不能临时抱佛脚。

而如果能尽早地赚下人生的第一桶金，不仅能实现资产变现，还能实现财富积累，对我们来说相当重要。

小白们要想实现人生的第一桶金，一般建议 5 步走。

首先，盘点资产，理清家底

对于工薪族来说，他们能知道自己每个月工资发了多少钱，但是对于每个月花费多少钱是有点模糊的，特别是现在微信、支付宝、蚂蚁花呗等快捷网络支付的运用，可能只有在每月还款的时候才会吓一跳。

因此，要想实现人生第一桶金，除了继承中华民族勤俭节约的优良传统外，还要留住积蓄以及增加积蓄，对每月的资产和负债就需要相当清晰。

建议可做简单的家庭支出表或者资产负债表，对于家庭的现金、存款、投资等资产进行统计，以及家庭的房贷、车贷、卡债、借款等进行详细记录，对于相关情况做到心中有数，并且适当进行相应的调整。

其次，不做剁手党，遏制冲动消费

冲动是魔鬼，现在流行一键购物，买买买的时候爽快，可是每到还款的日子就纠结了，对于小白们来说，要想理财，无节制的享乐是不对的，一定要养成节约并记账的好习惯，做到有计划地消费，最好能把每一笔消费都记录下来，进行一个简单的统计，然后有计划的列出一些必要支出和可控支出。其中的可控支出就是我们能实现积蓄的关键点。

当然，现在各种记账类的APP很多，我们可以选择适合自己的进行安装，这类 APP 简单又快捷，还能自动统计相应的需求，我们将在后面的章节进行详细的说明。

再次，强制储蓄，攒下人生第一桶金

据不完全统计，70%的人的第一桶金都是由储蓄而来，储蓄更是中华民族勤俭节约的优良传统的一种体现。

对于小白们来说，如果没有大的机遇，比如突然中500万或者大额的遗产继承，大多需要通过储蓄来实现人生的第一桶金。即使每个月储蓄200元，一年也能储蓄2400元，十年就是24000元，而这储蓄的200元可能只是一顿饭钱，但聚沙成塔，久而久之这将是一笔不小的数目。

储蓄是需要强制的，需要将“收入–支出=储蓄”变成“收入–储蓄=支出”，先储蓄后支出，强迫自己积累相应的资金，一般建议可将每个月约10%的工资进行相应的储蓄。

再其次，投资一些固定收益类的产品

购买相应的理财产品成为小白理财的必要选择，而对于小白们来说，购买一些固定收益类的理财产品，如银行理财产品或货币基金等是比较适合的。收益固定，风险较小，投资成本也不高。当然不同的家庭投资的金额是不同的，需要做到具体问题具体分析。

最后，发展适合自己的副业

一般在时间和兴趣都满足的条件下，小白们还是可以选择发展一些副业的，毕竟对于工薪族来说，升职加薪也非一朝一夕，在工作完成之余，如果还能根据自己的兴趣爱好发展适合自己的副业，增加一定的收入也是相当可观的。在后面章节我们将详细讲解几类适合的副业，小白们可以了解一下。

将梦想化为动力，终有一天能实现梦想，梦想的第一桶金也终能获得。

下班以后，你是刷股市还是朋友圈

一天 24 小时，12 个时辰，你觉得太多还是太少？

不知道你有没有觉得当你加班忙的时候，你会觉得时间总是不够用，忙得连喝水的时间都没有。当你闲着的时候，你又觉得一天太漫长，你把所有事情都做完了，甚至睡睡睡后，还有很多剩余的时间。同样的 24 小时，为什么会有这样的区别呢？

如果下班在地铁上，你会发现周围的人群，有的看逗笑视频、有的忙发微信、有的在看股市。你呢？是在发微信还是看股市呢？

一天 24 小时，除去正常的上班 8 小时，睡觉 8 小时，上下班路上 2 小时、吃饭洗漱 3 小时，至少你的剩余时间还有 3 小时，那么这 3 小时，你都在干什么呢？是在微信聊天还是在理财？

如果你在微信聊天，是正常的工作业务洽谈还是无聊的消遣，微信聊天 1 小时，能聊出 100 元？别闹了，大家都挺忙的。对于微信聊天，如果是加班的工作交接或者家庭副业，是值得花费时间的，如果只是寂寞生活的无聊消遣，建议要适当。

如果你是在刷股市，那么恭喜你，你已经逐渐脱离小白了，或许将要抱得第一桶金或者已经抱得第一桶金。但切记，股市有风险，入市需谨慎，更不要将鸡蛋放在同一个篮子里，在关注股市的同时，还可以考虑一些其他固定收益和低风险的理财产品，齐头并进，方能始终。但开源节流一定不要忘。

不管是刷股市还是刷朋友圈，建议小白们最做一份时间管理表，对于每一天的时间做到精细化管理。如表 1-1 所示。

表 1-1 时间管理表

时间	2019 年 3 月 1 日
6:00~7:00	起床、洗漱、做早餐
7:00~8:00	吃早餐、出门
8:00~9:00	去公司
9:00~12:00	开会、工作
12:00~14:00	吃午餐、休息
14:00~18:00	开会总结、今日工作完成、明日工作计划
18:00~19:00	加班或者回家
19:00~20:00	晚餐
20:00~22:00	做副业或者理财

续上表

时间	2019 年 3 月 1 日
22:00~23:00	看书
23:00~24:00	洗漱、睡觉

当然，如上的时间管理表是根据大多数小白们的工作时间做的一个简单规划，每个家庭的具体情况不一样，可以做适当调整。

时间管理的本质是自律，而自律是通向成功的捷径。

给你 10 万元，你会怎么花

试想一下，如果年终奖你领到 10 万元，你会怎么花？

10 万元在 20 多年前可以让人过得很幸福，但放到今天有点迷茫，10 万元可以用来干什么呢？双十一买买买？美容院美美容？

采访在蓉城做生意的李先生时，他说：“虽然金额不大，但是仍适用 1/3 法则”，即 1/3 投资、1/3 不动产、1/3 开销。

严格来说，10 万元是一个不上不下的数字，投资房产不够，在一线城市更是连首付都不行。但是我想，对于理财小白们来说，却是久旱逢甘露，如果用这笔钱去理财投资，能带来意想不到的惊喜。

那么，10 万元如果用来理财投资，该如何做呢？

如果不做任何的投资，在通货膨胀的影响下。10 年后，10 万元的购买力将大大降低，但是如果这 10 万元用来理财，却能获得一笔可观的收益。

张先生毕业后一直在一家金融公司工作，年底时领到年终奖 11.32 万元，他暂时打算将该笔资金的 1/3 用来投资一些固定收益类产品，如银行的理财产品、货币基金或国债，一年下来收益也有 2000 元左右；1/3 用于年货储备；1/3 回报给父母作为生活费。

上例说明，张先生在理财中追求的是保本稳定收益的投资。如果是风险偏好者，他可能会将其中的 1/3 用于股市或者其他金融理财，1/3 购买货币基金。相对来说，货币基金的变现能力较好，可作为家庭的应急基金，而用于股市的金额，则是高收益、高风险的。

当然，每个家庭是不同的，如上的理财规划对于不同的家庭，需要做相应的调整，仅供参考。

家庭组织构成也是影响投资理财的重要原因，如单身或已婚，有负债或无负债，有孩子或无孩子都是不同的。

如果能在明确需求，了解风险承受能力，对理财工具有一定认识的基础上，10 万元的理财会相对简单许多。随着财富增长和理财经验的增加，每个投资者都能做出最佳的选择。

当然无论选择的是单一的投资或是组合投资，在考虑产品收益率时，还需要考虑通货膨胀率，通货膨胀率将对投资到期的本金的实际购买力和实际收益有一定的影响。

理财小贴士

通货膨胀率也称为物价变化率，是货币超发部分与实际需要的货币量之比，用于反映通货膨胀、货币贬值的程度。

工薪阶层的理财问题在哪里

对于工薪阶层来说，每一分钱都来之不易，在理财时，那些常见的理财雷区一定要避免。理财攻略很重要，看下面一个简单的例子。

李先生已经毕业两年，在一家私营企业做设计，每月工资 6000 元左右，但每月的房租、生活费、购物等下来，每月大约能结余 1000 元。

最近女友劝说他存钱买一辆车，闲暇时间更是带他去听一些免费的理财讲座，在讲座老师的讲解下，他觉得炒股很简单，热血沸腾的想去开个账户马上炒股，争取年底就能提车。

如上例的李先生，开始有理财意识是正确的，但是盲目听从讲座老师，不考虑实际情况的做法是错误的。

那么，如同李先生类的工薪阶层的理财不足还有哪些呢？简单介绍如下。

听免费的投资理财讲座

很多免费的投资理财讲座都是一些变相的产品发布会，真正的专家学者类的理财讲座都需要一定的费用，所以参加讲座前应确定是否有门票费。

迷信专家学者

现在市场上的专家学者太多，小白已经不够用了，很多专家只适合在象牙塔里育人，对于一线的操作可能缺乏一定的实操经验，所以不要盲目迷信。

买房保值

房价的涨跌具有一定的周期性。房子在多变的政策环境中，存在很多不确定因素，如果一旦预期的涨幅未出现，就毫无保值的作用了。

投资理财=投机亏财

投资非投机，一些工薪阶层由于理财知识以及投资经验的缺乏，因此在理财投资中难免急功近利，容易被一些高收益广告吸引，从而跌入陷阱，也为自身的投资带来一定的损失，我们一定要明白羊毛出在羊身上的道理，天上不会掉馅饼，什么亏本大优惠，一定要慎重。

投资理财=投机炒股

高风险、高收益，虽然股市无人不知，但是入市需谨慎。股市能致富，也能让人倾家荡产，在没有找到适合自身的股市风险的规避方法之前，切忌贪婪、切忌盲目，保本最重要。

投资理财=基金买卖

近年来，私募基金很火，但不是每一个人都适合参与的，对于那些高风险的基金要慎重。毕竟，基金也是通过公司来运作的。

投资理财=购买保险

保险的本质是保障而非理财，如果你通过购买保险来实现理财，那么你可能要失望了。毕竟保险保障是根本，收益是其次，而且只有特定的分红保险类，才能实现一定的分红。

当然，如上只是一些常见的理财问题，仅供参考。当我们已经知道相应的理财问题后，那么在平时的理财中就应该去避免以及注意了。当然了，作为工薪阶层，中华民族勤俭节约的优良传统一定不能忘，需要懂得开源节流。

每个月的工资，你是如何分配的

有的人月薪 3 万元，月底月光族一枚；有的人月薪 4000 元，月底剩余 2000 元，到底是钱飞了，还是人花了？

不同家庭的收入构成以及支出是不同的，如何对每月的工资进行合理分配是值得我们思考的问题。

而家庭收入最理想的分配方式是 4321 定律，即 40%的收入用于买自住房、股票或基金等方面、30%用于家庭生活开支、20%用于银行存款、10%用于保险。

但是这个定律更适合中高收入者，对于理财小白来说，由于家庭以及承担的压力不同，需要进行一定比例的调整。

对于每个月的工资收入，我们可以将其进行简单的划分，然后根据相应的划分进行消费配置，简单举例如下。

肖某，单身，去年刚大学毕业，在一家民营企业做人事岗位，社保和税收扣掉以后，每月到手约为 4000 元。他每个月都将自己的收入分为 5 份。

第一份 1200 元，第二份 600 元，第三份 500 元，第四份 400 元，第五份 1300 元。其中第一份用来做生活费和房租，他和朋友合租了一个套间，他每月的房租 600 元左右，剩余的费用用来做生活费，平均到每天是 20 元左右，早餐 3 元左右，午餐从家里带饭，晚餐自己做饭。

第二份用于交际，其中电话费 100 元左右，剩余的用来处理人际关系，组织同事或者平时工作中对他帮助他较多的人聚餐。

第三份用来学习，每月购书为 50~100 元，剩余的存起来，用于每年一次的各种培训费用支付。

第四份用于旅游，他一般会在工作的城市周边进行一些短期旅行，约上几个玩得好的同事或同学。

第五份用于理财投资，他和朋友一起在网上开了一家淘宝书店，主要销售一些老旧故事书，长期下来，经营得还不错。

通过肖某的案例，我们可以看到，将每个月的工资收入进行详细的划分，再进行消费，这样不仅不盲目，而且可以避免冲动消费。

当然，每个人的收入和家庭需求是不同的，对于每个月工资的具体划分也应该是不同的，但总体来说，应遵循逻辑清晰有条理，避免混乱。

四大账户，有没有

每个家庭都有或多或少的账户，但我们今天要说的是，家庭常用的四大账户。简单说就是把家庭资产分成 4 个账户，这 4 个账户用途各有不同，相对应的资金的投资渠道也各不相同。

对于家庭来说只有拥有这 4 个账户，并且按照合理的比例进行分配才能保证家庭资产长期、持续、稳健的增长。那么这四大账户是怎么构成的呢？

第一个账户：现金账户

现金账户是家庭现金流的主要来源，主要用于解决家庭的日常开销，一般以家庭 3~6 个月的生活开销为基本，通过活期存款的形式进行储存。建议现金账户的金额占到家庭收入的 10%左右。当然每个家庭每月的开销不同，具体比例应根据实际情况作相应的调整，总体来说需要保证家庭的正常开销。

第二个账户：杠杆账户

杠杆账户为家庭的应急账户，作为家庭的应急备用来源，主要用于预防意外和重大疾病，如我们在社保之外购买的各种商业保险，该账户的资金比例可考虑在家庭收入的 20%左右。

第三个账户：投资收益账户

投资收益账户主要用于各种高风险、高收益的理财投资，具体应从家庭的投资偏好以及风险承担上考虑。该账户主要用来钱生钱，如投资房产、股票、基金、古董等，该账户的资金比例可考虑在家庭收入的 30%左右。不宜比例过高，避免因为投资失败从而影响到家庭的正常生活。

第四个账户：长期收益账户

长期收益账户从长远目标考虑，不仅保证本金还保证相应的收益，如货币基金、定期存款、分红保险等，一般建议该账户占到家庭收入的 40%左右。

不同的家庭对于四大账户的配置是不同的，简单举例如下。

刘先生和妻子去年毕业后在一家事业单位工作，夫妻年收入约为 15 万元，家庭每月支出约 3000 元，夫妻双方都有五险一金，对于家庭的四大账户规划如下。

第一个账户：以家庭开支的 4 倍存入，即 1.2 万元作为家庭日常备用金，可以是现金或存入活期储蓄卡。

第二个账户：为了应对突发的临时支出，他们拿出 2 万元作为应急储备金，这 2 万元以定期储蓄的形式存在。

第三个账户：风险补充账户，其中刘先生为自己购买了重大疾病保险和终身寿险，为妻子补充了终身寿险。

第四个账户：刘先生为自己和妻子都购买了养老保险，每月从工资里扣除。

从刘先生的家庭四大账户可以看出，家庭的配置重在应急和养老上，而在投资理财上几乎没有配置，就意味着主要在于支出，那么家庭该不该配置投资理财账户，答案是肯定的，但是不同家庭的账户配置应该是有差异的。

信用卡除了刷爆，还能干什么

在电视上我们经常看到某人在商场大额消费，然后信用卡被刷爆的剧情，别人的是故事，发生在自己身上就是“事故”了。

首先，我们需要明白，怎么算信用卡刷爆？

信用卡刷爆简单说就是当你使用信用卡消费的金额超出了银行给予你的信用卡额度，一般信用卡的透支额度是银行根据持卡人的个人收入以及资信等核定的可用于透支消费的最高限额。

信用卡刷爆这件事除了违背中华民族优良传统之外，还会将自己陷入无限消费的陷阱之中，避免信用卡刷爆除了控制我们的消费，再就是提额，提额就是提高信用卡的透支额度，那么怎么来实现呢？

不同的银行信用卡提额的条件会有所不同，但是大多遵循以下几点：

- 经常使用信用卡，提高刷卡频率。
- 不定期的使用信用卡支出高额消费，还款及时，尽量争取成为银行的优质客户。
- 消费时间稳定，银行对于持卡时间在一年半以上，并且每月均有交易记录的用户，会主动提高额度。

- 经常使用信用卡分期，此时向银行申请提额，银行一般会同意。

当然，日常生活中，信用卡除了刷卡消费，还可以用来干什么呢？

小额信贷

先消费再还贷就是小额信贷功能，信用卡的最大功能是透支，信用卡用户可以在额度内透支消费，类似于银行的借贷。银行通过信用卡提供给你一笔款项，你可以自己规划相应用途，但是到期需要归还，不同的是，信用卡还享有一定的免息期。

节省开支

银行会在月底将消费账单给信用卡客户，通过该账单持卡人能很清楚地明白自己每月的消费记录，了解本月的主要开支、是否超额，以便下个月能做出相应的调整。

同时通过信用卡，持卡人还可以享有银行提供的一些优惠，如银行与大型商超联合，持卡人通过刷卡购物获得相应的礼品或者通过积分换礼品，同时还可以通过信用卡的积分抵扣相应的消费金额。

信用卡分期

常见的信用卡分期体现在分期购买汽车，通过向某银行申请信用卡，从该银行指定的经销商处购买汽车，通过银行核准后，将相应的金额平均分成若干期，持卡人按照约定的期限进行还款，同时还需要支付相应的手续费，但有的银行会推出免收手续费的活动。

信用卡保险

一般银行会对信用卡用户提供一些增值服务，如免费获取一些保险或者保费打折，这类保险一般称为信用卡保险，与其他的保险产品相比，会在保费上有优惠。而且险种较多，常为保险组合，月缴保费相对更便宜。

资信证明

信用卡一般是银行根据申请者的经济实力、消费购买能力、信用等级等来发放的，不同持卡人的资信水平被划分为不同的等级。在很多场合，信用卡也作为持卡人的一种身份地位的象征，更是资信的体现，如白金卡、金卡、黑卡等，拥有这些卡的持卡人可以享有 VIP 服务、全球机场贵宾礼遇、特约商户折扣等。

因此，信用卡除了刷爆，还具有如上的一些作用，无论怎样，刷卡要谨慎，还款要及时。

你花过的最值得的一笔钱去哪了

挣钱是一种能力，花钱是一种水平，同样都是花钱，有的花钱是物有所值，而有的就是冲动消费。仔细回想一下，这些年来，你花过的最值得的一笔钱去哪了？

在这个世界上，只要活着就要消费，消费就要花钱，我们时时在花钱，一生中花了那么多钱，哪一笔最值得呢？就像我们一生中可能会爱过几个人，但刻骨铭心的或许只有那么一个，花钱亦如此。

每个人对于值钱的概念的理解是不一样的，下面我们来看几个简单的例子。

刘某，去年刚大学毕业，在一家私营企业做行政，月收入约 4000 元，对于她来说，她觉得她花得最值得的一笔钱是拿到工资的第一个月给家里买了一台洗衣机，妈妈再也不用在寒冬里用手洗衣服，冻得双手通红，所以她觉得很值得。

李某，毕业工作两年了，在一家民营企业做会计，月收入约 5000 元，对于她来说，花得最值钱的一笔钱是在商场给男友买了一套正装，而他穿着这套衣服进了一家 500 强的企业，所以她觉得很值得。

王某，大学毕业 3 年了，考了家乡的公务员，对于他来说，他花得最值得的一笔钱是在家乡，首付 11 万元，按揭了一套小房子，终于有了自己的小家，所以他觉得很值得。

唐某，2018 年刚大学毕业，在一家外资企业做销售，通过自己的努力，在今年终于花了 10 万元买了一辆代步车，他觉得花得很值得。

欧某，毕业 3 年了，2019 年他终于辞掉工作，出资 10 万元，和朋友一起开始创业，虽然很辛苦，但是他觉得很值得。

每个人对于幸福和金钱的定义是不一样的，所以我们无法去评判谁花得最值得，做的选择最正确，但是只要我们做到如下几点，便是值得的。

钱花在了有效用的事情上

如何在省钱的同时又花得有效用，是我们需要思考的问题，经济学里有一种说法："情感满足度是效用的体现之一"，在花钱消费时，理性与感性并存。

把钱花在今天

你有没有发现同样是冰淇淋，10 年前可能只需要 2 毛钱，现在却需要 2 元甚至 10 元。粗略地看，钱已经没有过去那么值钱了，由于通货膨胀的原因，今天的 1 元钱比明天的 1 元钱要更值钱，所以有些家庭必要的东西，能今天购买就今天购买，不要等到商场促销、购物节、双 11 等。

本质上，节日促销不过是用今天的钱去屯明天的货，再说，所谓的活动折扣，不过是商家的推动，羊毛还是出在羊身上。

用钱投资自己

我们往往会将所赚、所得，投资事业、房产、车子、父母、孩子等，但我们往往容易忽略自己，其实人的一生中，最应该投资的是自己，最应该花钱的也是为自己。

不管是日常所需，还是学习、旅行、再教育，通过不断地投资自己，不断地丰富自己的知识以及精神世界，不断地接触、认识更优秀的人，从而为以后的成功奠定基础。

用钱投资理财

当我们走出象牙塔，从工作开始，我们便开启了财富积累之路，不管是选择储蓄、基金定投、股市还是其他的理财方式，不用担心经验不足或者知识不够，只要去学习、去实践，总能积累自己的财富。通过一些适合自己的理财工具，加速自身的财富增值。

所以，不妨现在问问自己，你花得最值得的一笔钱去哪了，是花掉了还是没有，如果以前都是盲目消费，那从现在开始，你可以试着往这几个方面去思考，生而为人，总要做些有意义的事才行。

有人说过："既会花钱又会赚钱的人，是最幸福的人，因为他享受了两种快乐"。希望每一个人都能同时拥有这两种快乐，即使你现在压力满满，别放弃，快乐已经在来的路上。

同时，在我们理财的道路上，我们一定要养成勤俭节约的好习惯，实现开源节流、齐头并进，不要冲动消费、及时享乐。

毕业5年了，存款有多少

从工作开始，大大小小的聚会很多，你最怕哪种聚会？

我想，最多的答案应该是同学聚会了。为什么？

同学聚会，无非是问工作、问家庭，可能没有人会问你存款有多少，但是肯定会有人问你按揭了没、买在哪、还多少，很常见却也很现实。混得好的人，大家羡慕嫉妒恨，混得不好的人，大家都爱搭不理的，最多的还是中间那群人，没有多好也没有多坏。

但毕业 5 年了，你到底混得好不好呢？存款有多少呢？

张先生，毕业 5 年，企业设计师，存款 5 万元。

李小姐，毕业 5 年，企业文员，存款 2 万元。

唐小姐，毕业 5 年，人事专员，存款 0，负债 1 万元。

其实或许你毕业 5 年多，做着一份不太喜欢的工作，每天加班到很晚，却也只能拿着勉强养活自己的死工资，不敢恋爱、不敢结婚。

你看看聚会中的同学，有的毕业几年就实现了财务自由，而有的毕业多年还为温饱发愁，你有没有想过是什么拉开了你们之间的距离呢？

如果毕业 5 年，你还是和刚毕业的大学生一样，没房、没车、没存款，要小心，马上就会被 00 后“拍死”在沙滩上了。这不是玩笑，这是很严峻的一件事，毕业 5 年，存款多少不重要，但是我想，你至少得拥有如下中的一些。

- 每月除去必要花销后还能有结余。
- 工作、同学、左邻右舍的友情储备。
- 所处行业的人际关系储备。
- 学识和知识储备。
- 父母亲朋好友的亲情储备。
- 理财实操经验。

毕业 5 年有 10 万元、5 万元、0 元存款都不是最重要的，重要的是这 5 年中，你打下了什么基础。人生的奋斗就像盖一所房子，在最初的地方总是需要打下基础的。如上所说的这些就是你需要打下的一些“基石”。

要想基石打得好，一定不能瞎忙和被动，我们应该有一定的人生规划、职业规划、家庭规划，更不能被动地等钱上门，通过学习以及实操，掌握一定的理财技能，实现财富增值，终有一天，财富之门将为你打开。但前提是你要带上好习惯，走上这条理财路。

这些赚钱的业余爱好，你试过吗

业余时间你都在干什么呢？网上聊天、刷朋友圈、吃吃吃、买买买？

其实，业余时间我们是可以用来赚钱的。

在下班之后，利用业余时间，根据自己的兴趣爱好，将自己擅长并爱好的东西转化为更有价值的东西，不是很有意义的一件事吗？

那么，都有哪些业余爱好可供选择呢？简单介绍几种，仅供参考。

通过百度赚钱

如选择入驻百度知道合伙人，回答百度提问，通过回答的篇数来计费，如果你想赚得多一点，还可以选择加入团队，通过团队合伙效益分享的模式，赚得更多一点。

自媒体写作

如果你觉得自己喜欢写作，文笔也还好，那么可以通过去一些自媒体平台如百度百家、头条、网易等自媒体平台，发布一些文章。当然你也可以做自己私人的自媒体，但是粉丝积累很慢，要赚钱就需要一段时间的积累。

干货分享

对于一些平台，如知乎、简书、豆瓣等，在上面分享的文章干货越多，越容易吸引粉丝，就会有人给你买单，比如我们常见的打赏作者；在某平台给大V点赞，200 元起。

上传文档

平时我们工作中遇到的在百度文库里下载某篇文章，有的是需要付费的。反过来，如果你能在里面上传文章，只要有人下载，就可以拥有收益。一般来说，高中、初中、小学教案、讲课稿、课件等，这部分需求很大，可以上传到百度文库、豆丁网、360 图书馆等平台。

照片换钱

如果你爱好摄影并且技术还不错，那么你可以在全景图片、视觉中国、中国图库、汇图、壹图等平台去上传你拍摄的照片并要求下载付费。

设计赚钱

如果你具有绘画的技能，自己也热衷于绘画，并且设计和 PS 都不错，你可以去昵图网、千图网等做网上设计，据说有绘画兼职者在微表情的开放平台上申请做表情制作者，一年收益相当可观。

编程赚钱

我们都知道程序员的工资还不错，如果有业余时间，可以在程序员客栈、云沃客、解放号等接任务赚钱，价格还比较合适，同时也是自己擅长的领域。

翻译赚钱

如果你是专业翻译或者自己爱好翻译，可以在有道翻译、快译等网站做翻译赚钱。通过快速翻译和文档翻译，以字数计费。

视频赚钱

我们知道，现在抖音和快手很火，可以以短视频的方式赚得人气。同时在腾讯、优酷土豆、YouTube 等视频网站也可以赚钱，比如把国内的一些视频上传到 YouTube 上进行赚钱。

除了如上的一些兼职，通过转发朋友圈、关注公众号等也能赚点小钱。此外，还有一些体力活的兼职，如发传单、送外卖、洗盘子等。

不管是哪一种兼职，首先我们得有赚钱的欲望，而且是强烈的，并且要做到坚持以及自律，同时我们更要发现自己的长处，利用自己的长处赚钱会更快速也更方便。

理财 APP，你手机里有几个

掏出你的手机看一看，手机里除了微信、QQ、微博，有没有几个理财 APP 程序呢？

很久前，足不出户能知天下事的是大才，上知天文下知地理。而现在，随便一个普通人，只要有一样东西就能知天下事、全球事。随着移动互联网时代的到来，手机应用不断发展，我们要理财不需要再跑各大理财公司，只要有手机，划一划就能搞定，但前提是你有几个靠谱的理财 APP。

手机理财的 APP 很多，我们介绍几个简单常用易操作的 APP，如下所示。

余额宝

余额宝的理财功能属于国民级了，只要用支付宝的人都知道，其本质是货币基金，目前余额宝对接了 10 多家基金公司，余额宝门槛低、零手续费、随取随用，还是很方便的。

理财通

理财通主要存在于微信里，理财通于 2014 年 1 月 22 日通过腾讯与华夏基金合作正式登录微信，同样以 7 日年化收益率计算。与余额宝类似，只要在微信里绑定银行卡后，就可以方便的存入、转出。

零钱通

零钱通和理财通一样，同样存在于微信里，功能与余额宝非常类似，可以将零钱通里的钱直接用于消费，如转账、发红包、扫码支付、还信用卡等。同时，当资金放在零钱通里不被使用时，还可以自动赚取收益。

京东金融

京东金融是京东金融集团打造的“一站式”在线投融资平台，2018 年 9 月 17 日，更名为“京东数科”。

同花顺

同花顺的手机客户端是目前国内性能最稳、支持券商最多、使用量最高的一款炒股软件，支持手机的在线交易，炒股人群中很多人使用该软件。

掌上生活

掌上生活是招商银行推出的一款理财产品，主要的适用人群是年轻人，里边的互联网理财产品做得很出色，能满足用户的实际需求，用户体验很好。

挖财记账

挖财记账由在线记账理财平台+客户端记账理财平台+挖财论坛 3 块组成，同时实现理财与记账，使用很方便。

天天基金

天天基金主要适用于各种喜欢基金的用户，在它上面基本上你想购买的基金、股票、指数等都有详细的信息。

度小满理财

度小满理财，原百度理财，取意“源自百度，小得盈满，前行不止”，业务架构主要包括消费金融、支付、互联网理财、互联网保险、互联网证券等多个板块，基本覆盖金融服务的各个领域。

陆金所

陆金所是中国平安倾力打造的一个投资理财平台。产品多样，业务机构主要有零钱管理、期限理财、网贷、基金等。是个一站式的投资理财平台。

富拓

富拓是一个境外的金融投资平台，主要业务是做外汇，为广大中国客户推出了独一无二的 PAMM 账户服务，PAMM 账户服务简单来说就是投资者无须自己从事外汇交易，也能获得高额外汇交易利润。

投资者只需选择信任的管理人，并投资他的管理人账户，那些经验丰富的管理人交易获利后会按照投资比例给予投资者分红，适合激进的投资者。

对于如上的一些 APP 主要可以从零钱管理、记账、基金、股市、互联网理财、外汇等方面去考虑，作为理财小白，可以先从最简单的安装开始。

本章小结

本章主要是讲述小白们在理财之前，首先得清楚自己有多少家底，才能在后期的理财中合理地配置相关投资比例。

读书的年代，对于自己有多少家底是没有什么概念的。毕业工作以后，你会渐渐关注自己的家底。社会带给你幸福也会带给你成长，就像曾经你没有觉得在大城市里买车买房很重要，但到一定的阶段，你会发现，那就和你每天吃饭一样，习惯成自然。

而家底多少不重要，关键是清楚明白，才能决定以后的路该怎么走，本章提出了 11 个问题，值得小白们想一想。

毕业几年了，你现在有没有第一桶金，下班的时间是怎么安排的，如果突然给你十万元，你要怎么花？那些常见的工薪阶层理财误区你有没有进入过？月底了，发工资了，怎么花？家庭四大账户你有几个？信用卡除了刷爆还能干什么？你花过的最值得的一笔钱去哪了？有哪些适合你的业余爱好是可以赚钱的？你想不想试一试？你的手机里有几个理财 APP？

我们为什么要理财？只是看着账户上不断增长的数字？不是，只是为了能走更远的路，理财的目的一定是为了让生活品质变得更高，从物质上、精神上、健康上以及家庭和社会关系上达到比较富足、良性的状态。君子爱财，取之有道，愿每个小白都能找到适合自己的理财之道。

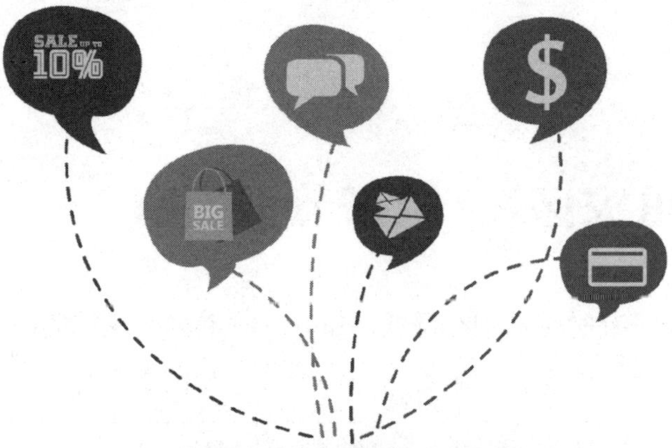

—— 工资理财：0到30万的财富积累 ——

第 2 章

工资要会花，生活理财讲方法

我想很多小白都会有这样的压力，每到还款日，一看账单，怎么会那么多。刚到手的工资，马上就减去一大半。到了月底，连外卖都要省着点了，真是典型的月光族。

同样是月薪 4000 元工作不久的小白，有的人每月工资全花掉，信用卡还要来报道；有的人不仅工资剩一半，还能有一点点存款，同样都是在衣食住行上花钱，差别为什么会这么大？

怎么才算会花钱？即使工资不高，又怎么能让工资有结余？本章的一些小技巧送给还是小白的你。

消费“重灾区”，做好节日理财

我们可能没有时时刻刻在赚钱，却有时时刻刻在花钱的趋势，全年下来也不是一笔小数字，首先我们来看一个统计表，如图 2-1 所示。

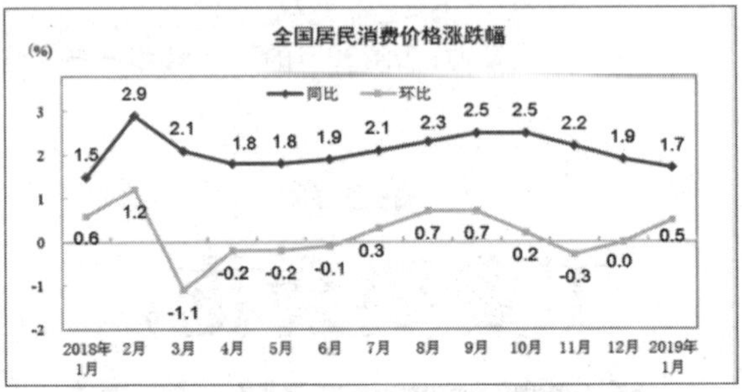

图 2-1　全国居民消费价格涨跌幅

从上图中我们可以看出，在 2019 年 1 月份，全国居民消费价格同比上涨 1.7%。消费在教育文化、医疗保健和其他用品服务等方面较高，如图 2-2 所示。

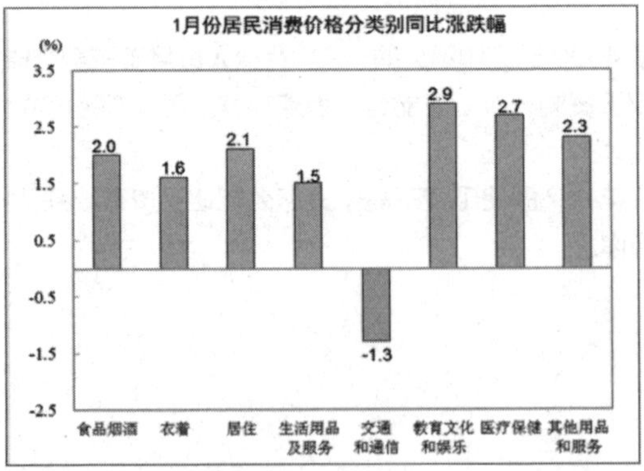

图 2-2　居民消费价格分类别同比涨跌幅

而与此相关的是 2018 年人均可支配收入和支出，小白们，看看你是超收还是超支？具体如表 2-1 所示。

表 2-1　2018 年人均可支配收入和支出

指标	绝对量（元）	比上年增长（%）
（一）全国居民人均可支配收入	28228.00	8.7（6.5）
城镇居民	39251.00	7.8（5.6）
农村居民	14617.00	8.8（6.6）
按收入来源分		
工资性收入	15829.00	8.3
经营净收入	4852.00	7.8
财产净收入	2379.00	12.9
转移净收入	5168.00	8.9
（二）全国居民人均消费支出	19853.00	8.4（6.2）
城镇居民	26112.00	6.8（4.6）
农村居民	12124.00	10.7（8.4）
按消费类别分		
食品烟酒	5631.00	4.8
衣着	1289.00	4.1
居住	4647.00	13.1
生活用品及服务	1223.00	9.1
交通通信	2675.00	7.1
教育文化娱乐	2226.00	6.7
医疗保健	1685.00	16.1
其他用品及服务	477.00	6.8

由上表可知，我们的收入中，工资收入是最主要的收入，而食品烟酒、居住、交通通信方面占了很大比例的支出。在 2018 年全国人均可支配收入中，城镇居民是 39251.00 元，其中工资人均收入为 15829.00 元，而全国居民人均消费支出为 19853.00 元。这些消费的高峰，大多出现在一些节假日，如春节、寒暑假、年中、年终等，还有很压轴的如双十一。

据相关数据统计，天猫从 2018 年 11 月 11 日 0 点双 11 购物狂欢节正式开始起，天猫双 11 开场 2 分 05 秒破 100 亿元，26 分 03 秒破 500 亿元，1 小时 47 分突破 1000 亿元。至全天结束，总交易额达到 2135 亿元。

而根据京东公布的数据显示，截至 2018 年 11 月 11 日 24:00，京东全球好物节累计下单金额超 1359 亿元。这些数字里都有小白贡献的一份！更是小白们的消费重灾区，所以一定要养成良好的生活习惯，勤俭节约，并谨慎节日购物，不要盲目消费，更不要轻易清空购物车。我们要时刻记着，不管是蚂蚁花呗还是信用卡都是要还款的。

理财小贴士

全国居民人均可支配收入是根据全国十几万户抽样调查基础数据，依据每个样本户所代表的户数加权汇总而成，公式：居民人均可支配收入=城镇居民人均可支配收入×城镇人口比重+农村居民人均可支配收入×农村人口比重。

出门旅行，如何舒心又省钱

世界那么大，总要去看看。适当的旅行除了能放松心情，还能增加阅历，接触朋友，年轻时候的见识和阅历都将是人生中很宝贵的财富。

大多数人都爱旅行，但是如何旅行能让舒心和省钱两者兼得。出门旅游有跟团与自由行，我们简单以自由行举例说明如下。

如果你选择自由行，那么有关自由行的成本，你需要清楚了解一些具体事项，首先是出行工具，如火车、高铁、飞机等，在出发前，你可以对具体的旅游路线做一个简单的成本对比，但同时不要忘记考虑来回以及游玩时间。

如果选择的是机票，那么不同的航空公司，不同时段都直接影响出行成本，我们可以避开旅游高峰，选择淡季出游，一般春节后到 5 月都是旅游淡季，一些航空公司和酒店都会下调价格。

其次，我们在考虑旅游地住宿时，可以货比三家，考虑民宿或青年旅社来降低成本。

然后，我们在旅行途中，对于分散的景点，可考虑租车自驾游，提高效率并节省时间。

最后，在旅行中，我们要适当的控制消费，包括购物、美食、纪念品等方面的支出。

不管是自由行还是跟团，节省成本的小方法简单介绍如下。

- 避开高峰，淡季出行。
- 避开热门，选择冷门景点。
- 假期不长，短途游。
- 免费门票可考虑。
- 吃饭购物要经济实惠。
- 上网查询可选择经济型旅馆。
- 切忌在景区冲动购物。

当然出门旅行，安全还是很重要的，时刻注意自我保护，安全有保证也能减少隐形成本。

团购、DIY，购物狂如何开源节流

2018 年某女购物后刷爆了朋友圈，据说她消费了百万，买单的时候商场收银台为她拉出了警戒线专门服务。很多人觉得这样的消费才算购物狂，可是真的只有高额消费才算吗？你有看过你每一年的消费统计清单吗？

怎么才算购物狂？是那些完全不用思考而购买各种生活用品，如衣服、鞋子、包包等消费，一般女性居多，但是男性也有，特别是在商场大打折时。

剁手族和购物狂差不多可以相提并论，我们虽然无法完全避免购物，但是我们可以在某种程度上进行购物缓解。我们可以怎么做呢？可以通过团购或者 DIY 来开源节流。

首先，团购简单来说就是团体购物，是认识或者不认识的消费者联合起来，商家将给出低于零售价格或者单独购买得不到的服务，最主要的体现是价格优惠。常见的团购如美团及大众点评等。我们在团购时要注意一定的事项，简单介绍如下。

- **团购商品过期时间**：一般建议及时消费，过期一般不会退款也不能再用，通常有效期最短为一个月。
- **团购商品地点**：在团购时要注意团购的商家所在地，如果路程太远，影响正常的消费就很没有必要，不仅没有减少成本反而会增加成本。
- **团购限制项目**：一般商家会对团购消费有一定的限制，如有些火锅团购只限于中午消费。有些团购的商品，如打折菜品可能只有其中一种或者种类很少，这些我们都要注意。

- **提前预约**：很多团购在消费前都是需要提前预约的，一般是提前一天。对于有些说明免预约的还是提前预约一下比较好，特别是在周末消费人群较多的时候，会根据先到先得的原则提供服务。
- **团购信息保存**：有些团购会要求消费者在消费时出示团购相关信息，所以对于团购的信息要保存好。
- **快递邮费**：对有些团购商品，有的是需要另附快递邮费的，有的免邮，所以在团购时要看清。
- **团购咨询**：在团购时遇到相关问题可以咨询相关的客服，如网络或者短信凭证等，一定要及时。
- **团购返券**：很多网站都有邀请好友获得返券的。当然，返券是有要求的，要看清具体条件。

虽然团购会有一些小瑕疵，但是团购对消费者来说无疑是很有益的，可以在一定程度上降低我们的购物成本，关键是我们要用好团购这把双刃剑。

当然在开源节流上，除了团购，我们还可以通过 DIY 来弥补，DIY 是什么？DIY 是“Do It Yourself”的英文缩写，DIY 其实更符合勤劳的中国人民。简单来说，DIY 就是自己动手制作，没有专业的限制。在一些平台上我们可以看到人们的 DIY 分享，如图 2-3 所示。

图 2-3　家庭手工 DIY 展示

人们选择 DIY，最初是出于节省成本的想法，后来却是为了创意和新鲜。看多了市场上千篇一律的产品，难免想要独一无二的商品。当时间充裕，并且在可试错或学习的地方，不妨过一把 DIY 瘾。做你需要的，做你想要的，做市场上绝无仅有、独一无二的你自己的作品，让 DIY 成为更高层次的追求。

公交挤爆了，买款适合自己的爱车

上下班的时候，你有没有过被人家挤着进去挤着出来的经历。大夏天人挤人，背贴背，运气不好，还会遇着咸猪手。公交挤爆了，心情糟透了，怎么办？买款代步爱车吧！

在买车之前，首先我们得去相关网站了解该款汽车的详细信息，如登录中国汽车网，如图 2-4 所示。可在车型里输入车型或者在车型里选择分类。

图 2-4　登录中国汽车网

如果我们选择的是自己输入相关车型，如上图所示的“路虎”，则紧接着系统将弹出相关的路虎车型，如图 2-5 所示。单击自己喜欢的任意一款，如单击“第四代发现 2014 款 3.0 V6 XXV Edition”超链接，了解详情。

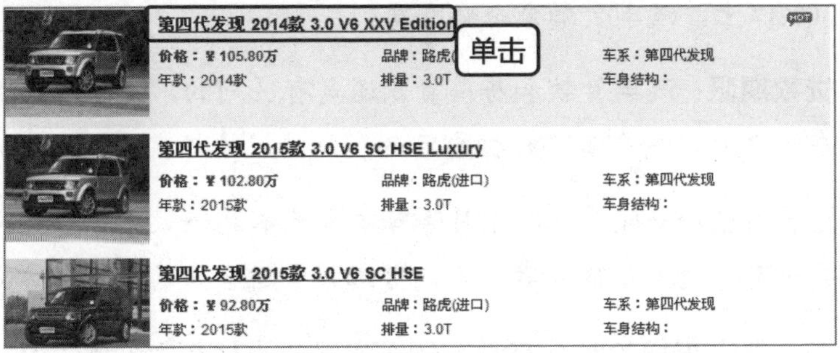

图 2-5　选择喜欢的车型

此时将出现该款车的详细信息，如市场指导价为 105.80 万元，级别为 SUV，排量为 3.0T，变速箱是手自一体。此外我们还可以单击参数配置、图片、报价、油耗、养护等超链接查看相关信息。如图 2-6 所示。

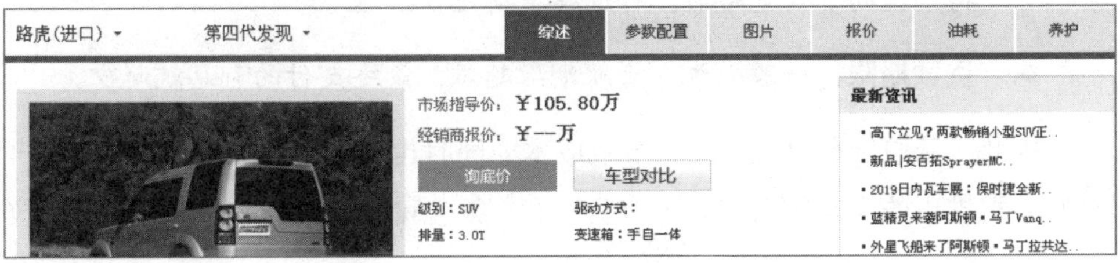

图 2-6　车型综述

我们对汽车相关信息的把握，除了在各大汽车网站会有第一手信息外，不同地方以及不同的 4S 店也会有不同的优惠，特别是在按揭首付这一块。要想更准确地把握相关信息，还可以多与 4S 店工作人员沟通。

购车的相关常识我们还是要知道的，简单介绍如下。

- **申请条件**：一般需要满足年龄在 18~60 岁之间，具有完全民事行为能力的自然人。申请人必须同时具备良好的还款意愿和足够的还款能力，申请时需要提供身份证、户口本、收入证明等材料。
- **按揭首付**：指买车时的第一期付款。中央银行和银监会明文规定：个人贷款买车首付不得低于车价 20%。目前银行要求的首付比例大多在 30%以上，汽车金融公司略有宽松。

- **贷款期限**：汽车贷款和房屋贷款还是有区别的，现在大多数贷款期限在 1~3 年，购车者可根据自己的实际情况选择。
- **还款方式**：一般常见有按月等额本金及本息还款，但不同的汽车金融公司有多种灵活的还款方案，可选择最适合自己的还款方式。

我们在办理汽车贷款时，有没有什么省钱的小技巧呢？答案是肯定的。

- **抵押物**：如果使用房产作为抵押物，一般贷款利率较低，可以大大降低贷款成本。
- **还款方式**：当家庭的经济压力较大时，可以适当地扩展贷款还款期限，待家庭的资金宽裕后，可选择提前还款。
- **贷款期限**：一般来说，贷款期限越短，最终支付的利息就越少。

因此，我们购车时，在注意节省成本的同时也要注意不要上当受骗。对于有些公司推出的汽车零首付，千万要注意，很有可能有猫腻，毕竟羊毛出在羊身上。

理财小贴士

按揭买车指申请购买汽车的借款人先付一部分首付，剩余部分由贷款人向购车者分期发放贷款。车价首付款=现款购车价格×（首付比例 30%~80%）。

活用公积金，买个小蜗居

工薪族应该都知道公积金，当你没钱交房租的时候公积金可以用于交房租，公积金就是满足住房的资金使用需求。如果资金不多，如何利用公积金买个小蜗居呢？

住房公积金最多能贷多少呢？一般存在3种计算方式，具体如下。

- **按照最高限额计算**：如果使用的是本人的住房公积金，贷款最高限额为40万元，如果存在正常缴存补充住房公积金，贷款最高限额为50万元；本人+配偶申请住房公积金贷款，贷款最高限额为60万元，如果存在正常缴存补充住房公积金，最高限额为70万元。
- **按照还贷能力计算**：可以套用相关的公式如下：{（借款人月工资总额+借款人所在单位住房公积金月缴存额）×还贷能力系数–借款人现有贷款月应还款总额}×贷款期限（月）；如果是双方一起还贷，则月工资总额和公积金月缴存数为双方的综合，月工资总额=公积金月缴额÷（单位缴存比例+个人缴存比例），还贷能力系数为40%。
- **按照房屋价格计算**：贷款额度=房屋价格×贷款成数，其中贷款的成数是根据构建房屋的类型和套数来确定的。

当然因为每个地方政策的差异，公积金的贷款额度可能存在一定的差异，具体需要以当地政策为准，公积金的贷款利率具体如表2-2所示。

表2-2 住房公积金贷款利率

项目	年利率（%）
一、个人住房公积金存款	
当年缴存	1.5
上年结转	1.5
二、个人住房公积金贷款	
五年以下（含五年）	2.75
五年以上	3.25

同样关于公积金的相关信息，我们可以利用相关平台的计算器进行查询，如登录房贷精灵网站，我们可以对公积金额度和贷款进行查询。如图 2-7 所示，在该网站的首页，单击“公积金贷款额度查询”超链接。

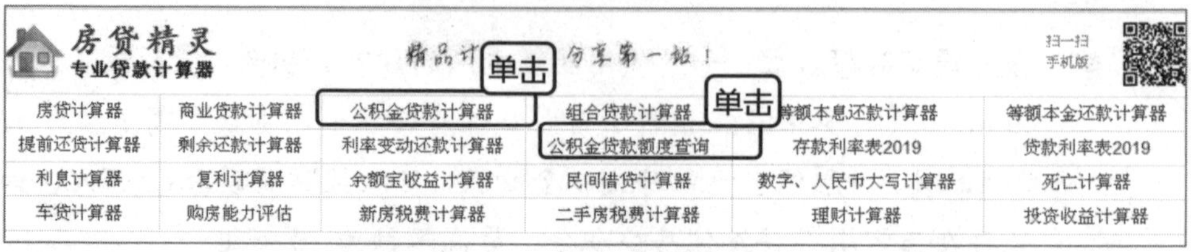

图 2-7　登录房贷精灵

在打开的页面中输入相关的缴存金额和房屋总价后，单击“计算”按钮，得出具体的结果，如图 2-8 所示，贷款的最高额度为 80 万元。

同时我们还可以对每月应该还款的明细进行计算，单击“公积金贷款计算器”超链接，在计算器中输入相应的贷款数据，单击“计算”按钮，如图 2-9 所示。

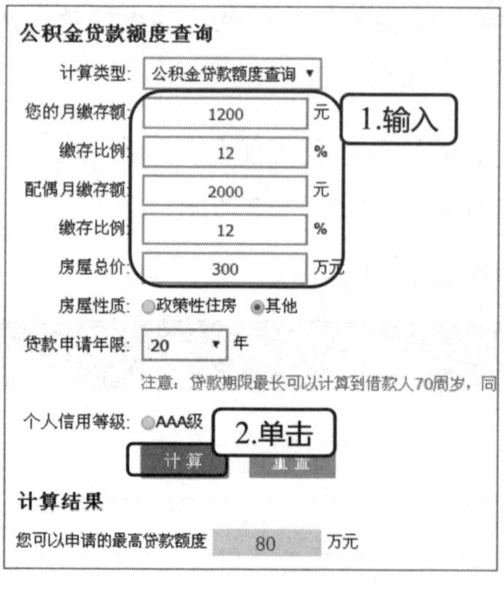

图 2-8　计算最高贷款额度

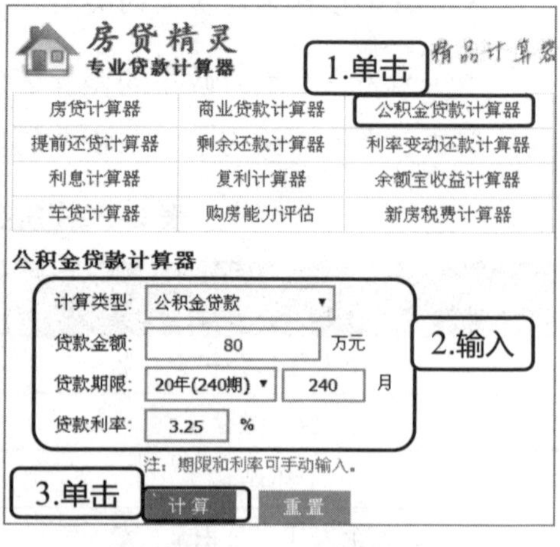

图 2-9　计算还款明细

在紧接着的页面我们将看到两种不同的还款明细，等额本息和等额本金。如图 2-10 所示，同样是贷款 80 万元，等额本息每月需要还款 4537.57 元，等额本金首月还款 5500 元，每月递减 9.03 元，等额本息比等额本金多支付利息 27932.53 元。

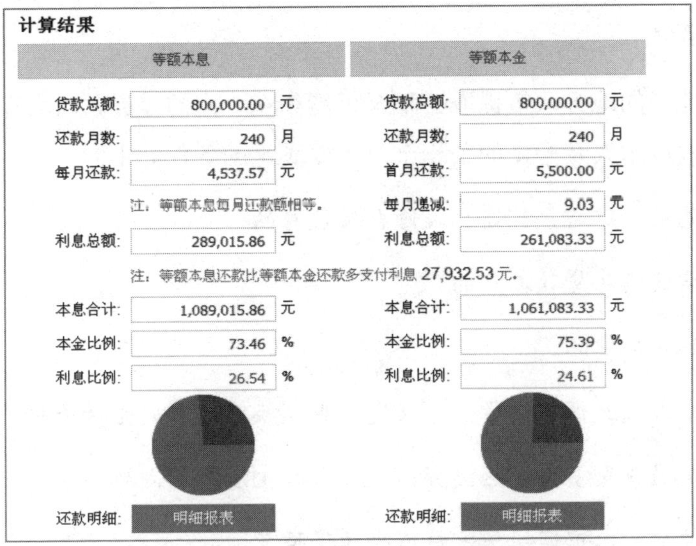

图 2-10　两种不同的利息还款方式

从如上的一些图中表明，我们选择公积金贷款多少和单身还是夫妻双方购房，以及不同的缴存比例息息相关，同时还款方式也很重要。

巧用公积金，不买房也能增收 10%

我们都知道公积金可以用来提取，并且与我们的工资息息相关，下面我们简单来看一个小例子。

张先生毕业两年，在一家私营企业做设计师，工资在 6000 元左右，根据缴存比例 10%计算，当工资扣除 600 元，并且单位为其存入公积金账户 600 元，那么在他的公积金账户中，每月就有 1200 元，一年就是 14400 元。

如果他将这 10%进行提取，则将在收入上增加 10%。那么，公积金的提取都有哪些流程呢？首先得满足一定的条件。

提取条件

不同地区的地方政策提取公积金可能存在一定的差异，以成都为例，当地公司员工提取本人及配偶的公积金时需要满足的条件如下。

- 购买、建造、翻建、大修自住住房的。
- 偿还购房贷款本息的。
- 租房自住的。
- 本人或配偶、父母、子女发生重大疾病，家庭生活严重困难的。
- 遭遇突发重大自然灾害，造成家庭生活严重困难的。
- 被纳入本市城镇居民最低生活保障范围的。

提取流程

公积金的提取流程相对简单，具体如下。

- 个人申请。
- 受理审核。
- 审核通过，办理提取手续，打印《成都住房公积金提取申请审批表》，交单位经办人或职工本人确认，返联还给单位经办人。

提取时间

一般公积金中心应当在接到职工申请之日起 3 个工作日内，做出准予或不准予提取的决定。经审核不准予提取的，应告知原因。当然，办理提取时是不收取相应费用的。

提取额度

- 不超过实际支付费用（以购房款发票或收据载明金额为准）。
- 不超过申请时上月职工个人和配偶住房公积金账户余额。

当然，除了购买房屋，公积金还可以用来办理租房提取，具体流程如下。

同样以成都为例，首先，职工需要满足的相应办理条件如下。

- 职工及配偶在成都市行政区域内无自有住房。
- 职工连续足额缴存住房公积金满 3 个月。
- 职工在成都市行政区域内租住公共租赁住房或商品住房。

而办理时需要准备的材料和流程如下。

- **办理材料**：职工身份证原件及复印件；结婚证和配偶身份证原件及复印件、复婚的应声明单身；《成都住房公积金住房消费提取申请表》一份及住房公积金联名卡，无住房公积金联名卡职工应提供本人储蓄卡账户。具体的还可以咨询成都住房公积金管理中心。
- **办理流程**：流程相对简单，首先需要准备相应的材料，其次需要提出相应的申请。然后等待审核通过，最后办理公积金提取。

当然，如果职工租住商品住房由单位统一提供的，提取业务由单位代办，也可以由住房租赁企业代办。

随着网络的发展，在一些城市，可以在支付宝上提取相应的公积金，广州、珠海、深圳、南京等城市可以线上提取公积金，可以在支付宝上办理无房提取、离退休提取、本市本人购房提取等业务。

装修省钱小妙招，了解一下

房、车是人生必备的两大件，无论是全款还是按揭，在一定时候都需要购买。张先生最近按揭了一套二居室，打算国庆的时候用作新房，但是现在还在为装修烦恼，一来不懂装修，二来装修费用还挺高，不知道怎么选择装修公司以及选购材料，怎么装修才最舒适、最划算呢？

那么装修有没有什么小妙招呢？简单介绍如下。

- **装修预算**：装修前一定要提前做好预算，不同品牌、不同饰材和不同的人工，价格相差还是比较大的，另外，还要考虑家具的预算。
- **装修材料**：可以去一些大的建材城选择相应的装修材料，货比三家，或者咨询有装修经验的朋友，如有在装修公司工作的朋友更好。或者认识在商场工作的人，购买会更实惠。
- **装修季节**：装修季节有淡季或者旺季之分，所以如果在淡季选择装修，无论是在装修时间还是装修材料的选择上都比较优惠。应该避免在长假期间装修，此时无论是材料还是人工都比较贵。
- **装修公司**：由于装修公司的品牌性，一般越大的装修公司成本越高，所以在装修材料选定的基础上，可以选择一些小公司进行承包。
- **装修家具**：出于家庭预算考虑，不用购买太高档的家具，比如一些高档实木，不仅容易买到假货，而且磕着碰着也不划算。

- **装修费用**：装修时一般包括装修房屋、购买家具、家电三大块费用。资金合理的分配比例可以是装修50%，家具30%，家用电器及其他20%。当然，根据不同的家庭装修风格，可进行适当的调整。
- **装修人工**：对于一些必备的如硬装的人工外，软装人工可以自己DIY，如粉刷房子、装置橱柜与灯具等。

装修可以分为硬装或软装，具体介绍如下。

- 硬装是室内装修中固定的装饰物，如吊顶、管线、房门、地板、瓷砖、墙面涂料等基础设施。一般硬装不常改变。
- 软装是在硬装已经完成的基础上，添加在室内的可移动的一些装饰，如窗帘、沙发、靠垫、壁挂、地毯、床上用品、灯具等，从而形成自己独特的家庭居住环境。软装大部分可以节省，硬装的其中一部分设施也可以节省。

票子少了，家庭理财工具来报道

在前面的章节，我们有介绍手机里常装的各种理财APP。对于小白们，首先可以装一个记账APP，如挖财记账是杭州挖财互联网金融服务有限公司旗下的产品，是一款个人记账理财APP，对于该应用简单介绍如下。

挖财记账包括挖财记账理财、挖财钱管家、挖财信用卡管家、挖财理财精选等多个应用，能满足不同用户的不同需求。

挖财记账是面对白领、工薪阶层为主的一款简单易用的记账和个人资产管理类APP，安装运用简单介绍如下。

首先，在应用商店里下载挖财记账 APP，点击“安装”按钮，如图 2-11

所示。安装完成以后，进入首页，如图 2-12 所示。

图 2-11　安装挖财记账

图 2-12　登录挖财记账

登录后在接下来的页面点击“午餐”按钮，输入金额 30 元，如图 2-13 所示。输入完成以后，点击“保存”按钮，如图 2-14 所示。

图 2-13　开始记账

图 2-14　保存记账

不同的家庭适合不同的理财工具以及日常记账工具，具体使用哪一种因人而异，就像有人偏爱天猫，有人偏爱京东，有人偏爱唯品会，各有各的优势，最终的选择权还是在自己手里。不过节省、合适才是根本。

咱们结婚吧，婚礼账算一算

当恋爱谈到一定的阶段，顺理成章地就需要进入婚姻殿堂，但是跨入这一殿堂还是需要一定的金钱支持，如婚宴、嫁妆、彩礼等。

首先，我们需要了解一下结婚成本，一般可分为必要成本和次要成本。

必要成本

婚礼准备的时间越长，成本越高，准备的东西就会越多。建议可做一个简单的预算和采购清单，然后根据具体项目进行分批采购，当然要货比三家，比如婚戒、婚纱、礼服、婚庆公司、酒店、婚纱照等。

当然，在必要成本里，有些需要购买，有些可以选择租借，如婚纱、礼服等。对于那些非私人化或者私人化不明显的，只用一次，而且持续拥有价值不大的东西，建议租借。

次要成本

对于那些可有可无的成本，可以在婚后准备的，可以酌情考虑。

其次是婚宴的准备，这是一笔大数字，一般只要婚宴不是很夸张，新人一般可以在婚礼礼金中收回一些，婚宴简单大方就好。

邀请宾客时有一些小技巧，简单了解一下。

- **出席人员**：请帖要提前，一般建议至少提前一个月，便于出席人员的工作安排，在请帖发出后，可以对会出席和可能有变化的做一个简单的统计。同时请帖的发送不要盲目凑数。

- **酒店选择**：建议新人多考虑几家，货比三家，当婚宴达到一定的级别，酒店还会赠送其他的服务，如在某些景区酒店，酒店会赠送景点门票，到时出席的人员将在参加婚礼之外还可以欣赏风景。
- **结婚季节**：婚礼举办也分淡旺季，如果时间充裕，建议在淡季举行婚礼，可以得到更多的优惠。

当然，婚礼很重要，也不能因为过分的节省成本而影响心情。提前预算，合理安排是重点，最终简单大方舒适就好。

宝宝来报道，必要开销少不了

有人问，什么时候，你发觉自己突然就长大了？

大概是宝宝来到的那一刻。你突然升级，做梦似的，梦很美好，现实却很残酷，宝宝带来美好的同时也将带来很大的压力。至少你再也不能一人吃饱全家不饿，如何能在宝宝来临时不慌乱，提前做好理财规划是出路。

宝宝来了，怎么办？建议三步走，简单介绍如下。

固定家庭开支

对于家庭的开支，不能再随心所欲，建议做相应的账户配置，可采用 2+2 模式。

- **2 个账户**：主要是指将家庭结余存入一个账户，作为家庭的应急基金；另一个账户是给宝宝准备的账户，每月从收入中存入一部分，到宝宝出生将拥有一定的储备金。
- **2 张卡**：两张卡主要是借记卡和贷记卡，借记卡用于家庭的日常生活消费，贷记卡用于日常生活购物。

宝宝用品来节省

宝宝用品，别看小小的，一件件吸金力极高。宝宝的奶粉、奶瓶、衣服等需要的费用都不低，宝宝用品除了可以在一些母婴店或者商场购买，同样的品牌有些可以在网上旗舰店购买，保证质量的同时还可节省一定的成本。

例如，登录唯品会的首页，在导航栏中单击“母婴”超链接切换到母婴系列，如图 2-15 所示。

图 2-15　单击“母婴”超链接

在唯品会上会有一些品牌特卖，我们可以选择常用的多种品牌为宝宝添置一些日常需要的产品，如图 2-16 所示。

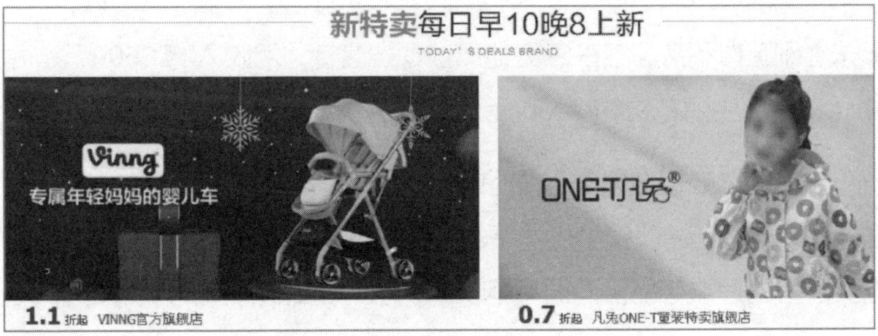

图 2-16　宝宝产品展示

当宝宝渐渐长大，最大的消费就是宝宝的教育费用了。父母们，想一想家庭到底需要给宝宝积累多少教育基金才合适呢？

宝宝教育不可少

对于宝宝的教育，从宝宝出生起，我们就可以准备相应的教育储蓄了，教育储蓄就是宝宝的教育金。

一般是零存整取，最高限额为 2 万元，50 元起存，教育储蓄一般适合工资收入不高、对资金变现要求较高的工薪族。

家庭财产配置四规律，你知道吗

我们的人生都要经历出生、成长、成熟、衰老等不同阶段，我们的个人收入、家庭财产、家庭支出也有这样一条时间线。在配置家庭财产时，我们可以考虑 4321 家庭理财定律，那么该怎么理解这个规律呢？

简单理解就是将家庭收入的 40%用于供房以及其他方面投资，30%用于家庭生活开支，20%用于银行存款等以备应急之需，10%用于保险。

那么是否每一个家庭都适合这个 4321 法则呢？简单以案例来说明。

李先生刚工作不久，在一家房地产公司做会计，月收入约 3500 元，每月房租约 800 元，每月生活花费约 2000 元，交际应酬 500 元。

一次他在银行办理业务时，银行的理财经理告诉他，可以根据 4321 原则来进行家庭的理财规划，建议他生活消费每月不要超过 1200 元，每年可用 1 万元储蓄或者购买银行的理财产品。同时可购买一份银行的保险，每年缴纳 5000 元。

如上例的李先生，虽然他觉得 4321 法则很有道理，但是用到自己身上怎么就不对了呢？

李先生由于刚工作，收入不高，房租、生活消费、交际应酬等加起来几乎就将工资消费光，如果根据 4321 法则，几乎不能做到，毕竟现在每月几乎没有储蓄，所以 4321 法则还是适合有一点积蓄的工薪族。

因此，当我们在运用 4321 法则时，需要注意如下几点。

第一，家庭风险要理清

我们需要根据个人家庭的具体情况及风险承受能力来选择具体的理财品种，并且首先我们要清楚自己的风险偏好，风险承受能力是低还是高。

第二，家庭理财目标要明确

家庭的理财目标可以分为短期和长期，短期和长期的理财产品是不一样的。我们可以先构建核心资产组合，再将富余资金配置于具有一定风险的资产。

第三，投资方案来一个

对于家庭的投资方案，可分为单一的投资和组合的投资。组合投资更合适，分散投资有风险。

本章小结

中华民族的优良传统决定：中国人民都应有勤俭节约的美德。

绝对收入消费理论认为，消费取决于一个人的当前收入。

生命周期消费理论认为，一个人会在其一生中，综合考虑消费和收入问题，消费取决于一个人一生对收入和支出的综合衡量。

相对收入消费理论提出，消费取决于过去的消费和周围人群的消费。

持久收入消费理论提出，一个人的消费取决于他的长期的持久性的收入。

所以，如何消费将决定我们的收入如何，赚钱是一种能力，消费同样是一种能力。对于很多小白们来说，可能生活是一种态度，花钱是一种享受，还钱是一场惊梦。如何会花钱，甚至花出惊喜，是我们这一章主要的目的。

本章从节日消费、团购 DIY、买车攻略、公积金买房、装修省钱、婚礼账、宝宝养育、家庭配置规律等方面着手，通过理论+案例+实操的分析，让小白们有一个清晰的认识，有计划、有规律、有逻辑的去消费，从我们日常的消费中去开源节流，为以后的理财打下基础。

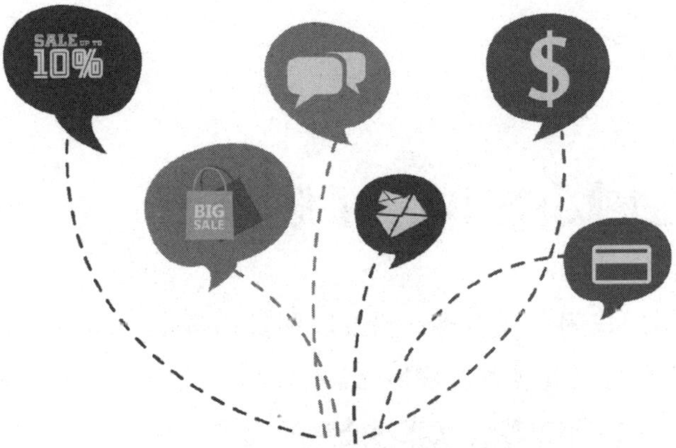

第3章

互联网掘金，工薪小白领有门道

我们常听到互联网+的说法，互联网+医疗，互联网+养生，互联网+金融等。如果要理财，我们肯定是需要认识互联网+金融的，可是你真的了解互联网金融吗？

支付宝、微信、零钱宝、余额宝、蚂蚁花呗、京东白条、众筹、百度百赚是互联网金融吗？怎么玩？

如果说互联网是一个大宝库，那么互联网金融就是一座小金库，如何找到属于你的小金库，本章将告诉你答案。

互联网金融小知识，了解一下

在 2005 年，我国出现了第一只互联网货币基金。2013 年，余额宝诞生，通过余额宝，人们大量接触互联网金融。同时，2013 年也有大量其他金融模式出现，因此 2013 年也称为互联网金融的元年。

众筹、区块链、虚拟货币、消费金融、互联网保险、供应链金融等都是互联网金融的发展模式，互联网金融形态有很多，如互联网支付、网络借贷、众筹融资、金融网销、互联网保险等。可以归结为三大类：投资、融资、支付，具体明细如表 3-1 所示。

表 3-1　互联网金融三大类表现形式

	投资	融资	支付
参与者	资金盈余	资金短缺	所有人
目标	钱生钱	弥补资金缺口	实现资金流动
明细	余额宝、基金、股票、债券、P2P等	蚂蚁花呗、借呗、京东白条等	支付宝、微信支付、网银支付

由上表可知，互联网金融的本质还是金融，随着互联网的发展，互联网将传统金融变得更加便捷、直接、通俗易懂。

对于互联网金融才入门的人来说，一些基本的金融知识储备就显得比较重要，不能盲目的被一些网络平台推出的高收益吸引。我们要知道，一般高收益，高风险。

羊毛出在羊身上，精挑细选，分散投资理财是根本，当然有机会的话可以对推出项目的公司进行实地考察。

不管是理财新手还是老手，对互联网的一些常见术语还是需要有基本的了解，便于对各种理财产品更好地理解，更便于理财者对是否购买某款理财产品做出相应的判断，如表 3-2 所示。

表 3-2 互联网金融常见术语

项目	明细
投资人	一般指在平台上进行投资的用户，就是理财者
提现	投资者向平台提出申请，将个人网络虚拟账户上的资金转入到投资者银行卡上的行为就是提现
分散投资	是指投资者为了降低风险，将资金以不同比例的金额投资到不同的平台上的一种行为
续投	投资者将回款的全部或部分资金用于接着投资下一标的的行为
回款	一般指投资者在投资产品到期后，本金+利息+分红或奖励回归到投资者的账户的行为
自融	某实体企业在网上开立相应的平台，通过该平台，实现网上融资，而融资的金额又用于该企业的一种行为模式就叫自融，自融属于非法集资，是不当的行为，应远离
小散	一般是指投资总额在几千到几万之间的投资者
等额本息	每月偿还同等数额的贷款，一般常用于房贷和信用卡
先息后本	每月偿还利息，到期一次偿还本金加最后一期的利息
年化收益率	一般指在投资理财时，1年的实际收益率。年化收益率会随国家政策调控产生变动
保本比例	即产品到期时，投资者可以获得的本金的保障比例
风控	现代经济管理学中指控制企业财务损失风险的一种职称，随着国家对互联网金融的监管力度不断加大，风控是每个互联网金融平台非常重要的环节

在互联网金融中，互联网投资产品众多，投资方便。但互联网投资也是投资，个人或家庭一定要有风险意识，还是那句话“投资须慎重，入市须慎重”。

五句投不投送给大家："投短不投长、投小不投大、投近不投远、投老不投创、投壮不投弱"。

支付宝与微信理财通到底哪个好

我们都知道支付宝可以用来支付，此外支付宝还可以用来理财，比如支付宝里的余额宝。余额宝是支付宝为个人用户打造的一项余额增值服务，当我们从账户里转入一定的资金到余额宝账户，可以获得一定的收益，而且没有任何手续费，并且转入该账户的资金可以随时消费支付和转出。

同样，微信不仅可以用于支付转账，同样可以用于理财，而微信理财一般通过理财通，理财通是腾讯财付通与多家金融机构合作，为用户提供多样化理财服务的平台。

那么，支付宝理财和微信理财到底哪个比较好呢？如表 3-3 所示的是个人的看法，仅供参考。

表 3-3　支付宝理财和微信理财简单比较

项目	支付宝	微信
产品种类	基金、定期、余额宝等	基金、债券、保险等
购买流程	随转随出	看具体产品
转出额度	余额宝转出到银行卡有相应的额度限制，具体限额建议以页面显示为准。 1.如果转出到账户绑定的快捷支付银行卡中，由于银行不同，所涉及的额度也会有所不同，建议关注操作页面的提示； 2.如果转出至普通提现的银行卡，一般限额是单笔5万、每日5万、每月20万	每个账户每日转出金额不超过6000元，每日可转出3次

续上表

项目	支付宝	微信
收益率	目前余额宝的七日年化收益率为2.519%，随着市场变化而变化	不同的产品利率不同，2.50%~8.24%不等，同样会随着市场的变化而变化
到账时间	余额宝在手机端支持2小时内到账，电脑端24小时到账	微信理财通支持工行、农行、建行等11家银行2小时到账，其他银行1~3天内到账

以上就是对于支付宝和微信理财进行的简单比较，至于哪一种更好还需要根据家庭的资金规划和投资偏好出发，没有最好的投资方式，只有最合适的投资方式。

接下来，我们将对支付宝理财和微信理财的实际操作进行简单的比较说明，具体如下。

首先，以支付宝为例，登录支付宝的首页，点击“余额宝”按钮，如图 3-1 所示，在打开的页面中点击“转入”按钮进行下一步操作，如图 3-2 所示。

图 3-1 登录支付宝

图 3-2 点击“转入”按钮

在该页面，我们需要输入转入金额，如 200 元，输入完成以后，点击“确认转入”按钮，如图 3-3 所示。在紧接着进入的页面，系统将提示转入时间、收益计算时间和收益到账时间。如周四转入，周五开始计算收益，周六收益到账，最后点击“完成”按钮。如图 3-4 所示。

图 3-3　输入金额

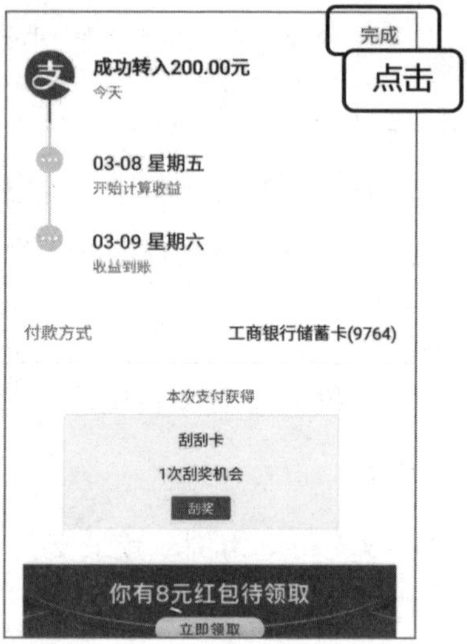

图 3-4　完成转入

此时就将回到余额宝的首页，我们将看到账面的余额已经发生变化，如图 3-5 所示，总金额为 200 元，点击“累计收益”选项查看关于累积购买该产品的收益。如图 3-6 所示，累计收益为 5.63 元。

图 3-5　总金额

图 3-6　累计收益

除此之外，我们还可以在余额宝的首页单击“万份收益”和“七日年化”超链接，查看万份收益和七日年化利率，如图 3-7 所示，3 月 5 日的收益为 0.7154 元。七日年化利率为 2.6570%，如图 3-8 所示。

图 3-7 万份收益

图 3-8 七日年化利率

余额宝理财相对简单，收益也比较稳定，而且可以随取随用，变现较好。那么与余额宝相类似的微信理财通又是怎么样的呢？首先登录微信支付页面，点击“理财通”按钮，如图 3-9 所示，紧接着将进入理财页面，再点击“理财”按钮，如图 3-10 所示。

图 3-9 理财通

图 3-10 理财

在出现的页面中，我们可以看到理财产品的种类，如货币基金、定期产品、保险产品、券商产品等。进入货币基金页面，如图 3-11 所示。我们可以选择自己感兴趣的产品进行了解，如选择“工银添益快线货币”选项，详细了解相关产品。

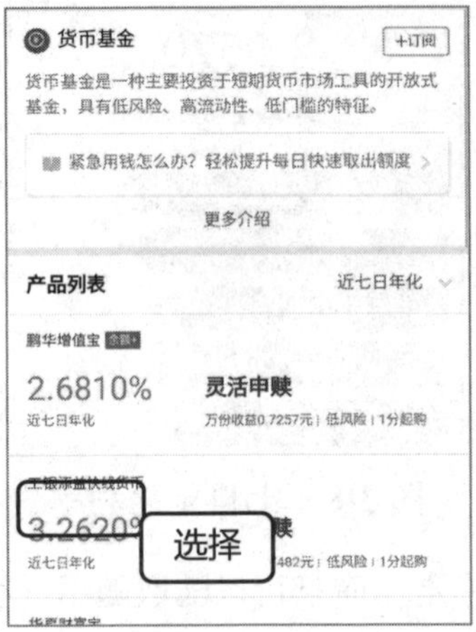

图 3-11　产品展示

图 3-12　产品详情

在该页面，我们可以对于产品特点及交易规则进行了解，如图 3-13 所示。但买入之前，我们需要进行风险偏好测评，如图 3-14 所示。

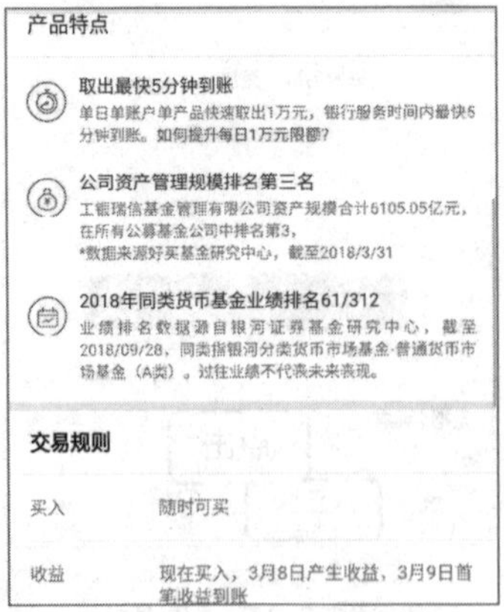

图 3-13　产品属性

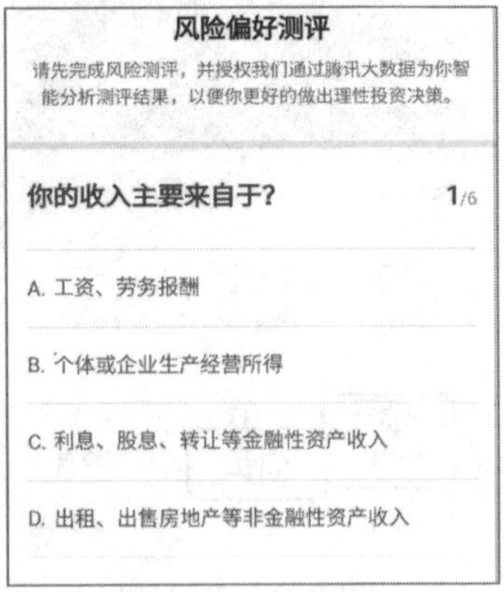

图 3-14　风险偏好测评

余额宝和理财通哪个更好，仁者见仁、智者见智，余额宝可以直接用来消费、购物，理财通不可以，除非先转出到银行卡。

相对来说，理财通的可操作性要强一点，而余额宝的可使用性要高一点，小白们可根据自己的使用习惯选择。

余额宝利率持续走低，还值得投资吗

2018 年，余额宝的收益率正在不断走低，从 4%跌入了 3%的收益率时代。那么小伙伴们会问，如果余额宝的收益率持续走低，还值得投资吗？

为什么在如此低年化收益率的情况下，还有那么多人将钱放在余额宝里呢？大概是考虑如下几个因素。

- 与活期相比利率较高

虽然近年来，余额宝利率持续走低，但是总体 7 日年化利率与资金流动性较好的活期储蓄利率相比，还是比较高的。

- 余额宝的本质

余额宝的本质是货币基金，到目前为止，我国的货币基金还未出现 7 日年化收益率为负数的情形，所以本金是安全的。

- 余额宝的多功能

与其他的一些理财工具相比，余额宝作为一种货币基金，可以在第二日计算收益后就到账，同时可用于转账消费。而其他理财类产品，具有一定的固定期限。

- 流动性与现金一样

余额宝的线上线下支付，几乎与现金一样方便快捷，余额宝的收益是建立在不损失资金的便利性和流动性的基础之上的，而且线上支付与淘宝天猫挂钩，优于一些同类货币基金。

而从 2019 年开始，余额宝的收益率略有上升，其他货币基金也有不同程度增长，但是余额宝中的货币基金大部分仍在 3%左右，其他货币基金收益率均值已经超过 3%，很多已经超过 4%。

近年来，随着余额宝规模的快速增长，潜在的风险也在增加，为了控制规模和风险，余额宝从 2017 年开始降低每人的申购限额，从 100 万元到 25 万元再到 10 万元，再限制了单日购买额度上限 2 万元。

2018 年更是设置了每日申购总量，所以余额宝就和很多年前的农场偷菜一样，不到半小时就被抢空，导致很多人会定时抢购。

针对这种情况，余额宝进行了升级，新接入 2 只货币基金，新基金不限额不限时，但不支持同时拥有几个基金。升级后，7 日年化收益率在 4.1%左右。

余额宝升级之后，是不能再退回到升级之前的，就意味着只能选择新加入的两只基金其一，不能再购买原来的天弘基金。

对于新接入的两只基金，博时基金和中欧基金，各有优势，收益也有一些差异，但是用户并不能自由选择购买哪家基金是被余额宝默认的。不过，如果将所有的资金转出，重新转入，可以再选择。

余额宝的本质是货币基金，收益率主要由金融市场决定，其收益率的高低和金融市场的资金面的紧张与否息息相关。如果资金面持续紧张，货币基金的收益率也会持续走高。

近日来，余额宝的年化收益率持续走低，甚至到了 2.519%，此时如果将 1 万元存在余额宝中，如果利率不变，那么放在余额宝里一年的收益也就是 251.9 元。

如果将 1 万元放在理财通中，按照现在的七日年化收益率为 3.078%，如果利率不变，那么一年的收益是 307.8 元。

如果余额宝的收益太低，作为主要的投资方向显然是不合适的，但是我们也不用完全放弃余额宝，可以将一定的小额存款存入，随时转入或取出，同时能快捷消费。

期限不同，货币基金的收益率也会有所不同，短期产品一般主要与资金面宽松与否息息相关，中长期产品主要与货币政策相关，而这两者又是不断变化的，所以货币基金的收益率上行或者下行都很正常。

当然如果在短期内，收益率低于银行存款利率或者其他的货币基金收益率，我们可以考虑从余额宝转出一部分资金以供他用，但前提是其他产品同样是低风险、变现快、持有时间短的理财产品。

无论怎样，随着市场的变化，我们的理财策略也应该紧跟市场，有所变化。但要记得无论选择哪一种理财方式，收益率要大于通货膨胀率，不然实际是亏损的。

零钱宝和余额宝相比究竟谁更胜一筹

零钱宝和余额宝，同属于“宝宝”理财类，那么零钱宝和余额宝有什么区别呢？首先我们需要真正认识零钱宝，才能和余额宝进行对比。

零钱宝一般可以从定义、转入、转出、收益、消费等方面去理解，简单介绍如下。

首先，定义要清楚

零钱宝是苏宁金融旗下的余额增值和现金理财产品，可随时消费和转出，方便灵活无手续费，产品多样，收益多样化。

除了用于理财，同时还可以用于充值、转账、购物、信用卡还款等。

其次，转入要注意

零钱宝的资金转入需要注意以下几点内容。

- 支持易付宝余额、储蓄卡快捷支付、储蓄卡网银支付。
- 单笔转入最低金额为 1 元，而根据系统推荐建议转入 300 元以上。
- 如果只是转入创建了订单还未支付，从交易记录中就可以找到该笔订单，但支付后不支持退款，只能转出。
- 一般工作日 15:00 前转入，第二个工作日生效，确认份额并享受收益。
- 双休日及国家法定假期，不进行份额确认。

再次，转出要明了

一般零钱宝里的资金可通过两种方式实时转出：转出至易付宝账户余额和转出至原转入零钱宝的银行卡，可自由安排。

而转出方式有快速到账和普通到账两种，其中快速到账预计 30 分钟左右，到账额度为关联货币基金单日单户 10000 元；普通到账预计 T+1 日 24:00 前到账，每笔最高额为 50 万元，无次数限制。可转账到达的银行以公布为准。

再其次，收益要会算

零钱宝的收益计算适用于公式：（资金/10000）×当天基金公司公布的每万份收益。其中每万份收益是不停变化的，具体以每日基金公司公布为准，如果具体到个人就是：（个人当前持有份额/10000）×当日基金公司公布的每万份收益。

其中我们要注意，工作日的15:00后转入资金将顺延一个交易日确认，而如果是法定节假日转入，基金公司会在节后的第二个交易日进行确认。

最后，消费有流程

零钱宝里的资金和余额宝一样，可以用于提现，还可以在苏宁易购进行消费；同时零钱宝还支持易付宝账户余额、储蓄卡快捷等的组合支付；当零钱宝消费发生退款时，零钱宝支付的金额将原路退回到零钱宝余额里。

当我们对零钱宝有了简单的认识后，接下来就可以对零钱宝和余额宝进行简单的比较，如表3-4所示。

表3-4 零钱宝和余额宝的简单比较

项目	零钱宝	余额宝
背后的平台	苏宁	阿里巴巴
安全系数	高	高
收益率	随着市场变化而变化，目前零钱宝的七日年化收益率为2.820%	随着市场变化而变化，目前余额宝的七日年化收益率为2.519%
基金种类	目前支持5家基金公司的产品和智慧存款-升级存，用户可以同时持有多只基金产品	升级后支持三家基金公司的产品，不过用户不可以同时持有多只基金产品

除了上表，两者在消费层面也有区别，余额宝和支付宝挂钩，所以在淘宝或者天猫上购物后，余额宝可以直接付款。而零钱宝一般仅限于苏宁购物，所以从消费习惯上来说，可能更多人更习惯余额宝。

而零钱宝和余额宝到底谁更胜一筹，这个问题就好比回答是支付宝好还是微信好。关键从你的家庭配置、消费习惯、理财目标等方面综合考虑，不能一概而论。

手把手教你玩转蚂蚁花呗、借呗

有人说，我除了花呗，啥都没有了！有人说，你想气死我，继承我的花呗吗？有人说，花呗没了，借呗啊！

花呗、借呗、余额宝都作为支付宝的重要组成部分，我们该如何用它们来理财呢？蚂蚁花呗又叫花呗，类似于信用卡，但是不需要主动申请，由系统综合评估确定，无论你是“三无人员”，还是“三好学生”，只要在支付宝上的信用记录良好都有机会开通蚂蚁花呗。

如何玩转蚂蚁花呗和借呗，首先我们得对它们有一个简单的认识，花呗的本质是信用卡，鼓励个人用户先消费后还款，每年很多剁手族都来源于蚂蚁花呗，而借呗的本质是一种小额信贷。如何用？简单介绍如下。

登录支付宝首页，点击“花呗”按钮，进入花呗页面，如图 3-15 所示。在花呗页面中，我们将看到可用的额度、我的账单、还款日期等，如图 3-16 所示，可点击任意选项进行了解，在这里我们不详细介绍。

图 3-15　进入花呗

图 3-16　页面详情

在花呗页面中，我们还可以看到“花呗权益”“分期商品”“我的”等几个选项。首先是花呗权益，是我们通过花呗可以享受到的一些权益，如图 3-17 所示，如免费领取被盗理赔险和花呗分期买车险，3 期免息，如图 3-18 所示。

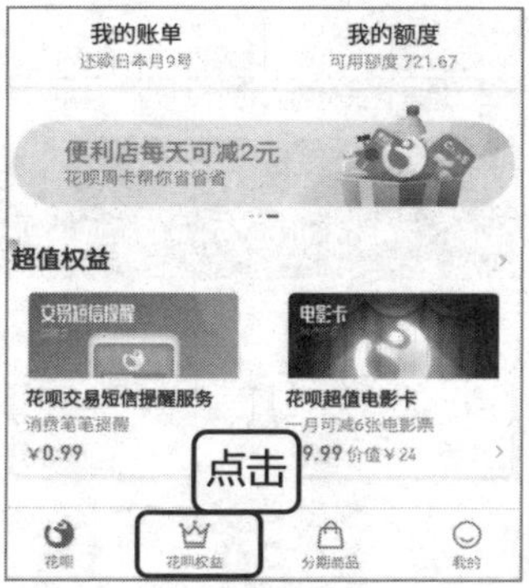

图 3-17 花呗功能

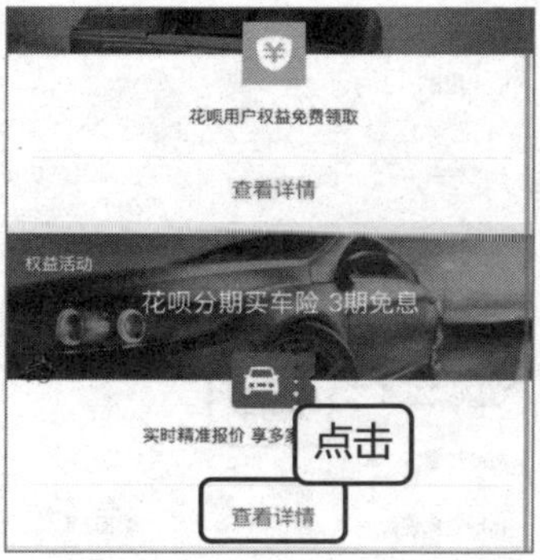

图 3-18 花呗权益

在花呗权益页面中，点击“查看详情”按钮，我们将进入具体的详情页面，如图 3-19 所示。

同时在该页面，我们还可以看到关于权益的四大优势，如合作了十多家保险公司、精准的实时报价、全程在线服务、自助报案免等待小额快赔等，具体如图 3-20 所示。

图 3-19 花呗车险

图 3-20 四大优势

如果想购买，可点击“去报价试试”按钮，在这里我们不做详细说明。此外在花呗页面我们还可以点击“我的”按钮对花呗进行相关设置。如图 3-31 所示，选择“设置首选支付方式”选项，此时系统将进入如图 3-22 所示的设置成功页面。

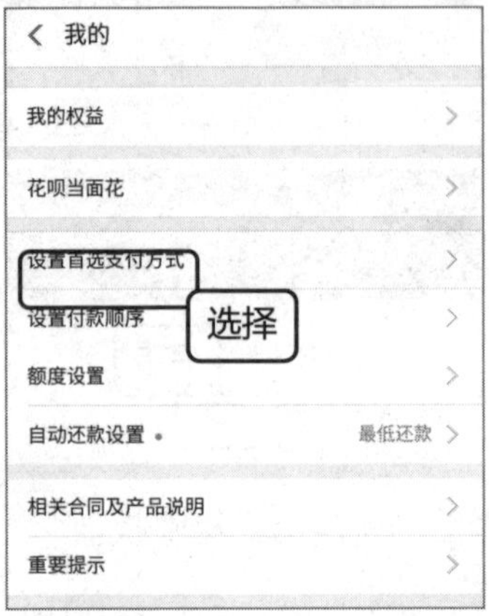

图 3-21　设置个人花呗

图 3-22　设置成功

当然我们是可以查询每个月的账单明细的，在花呗页面，点击“我的账单”按钮，进行账单明细查询，如图 3-23 所示。在紧接着的页面中，我们将看到详细的账单信息，如图 3-24 所示，账单已经还清。

图 3-23　我的账单

图 3-24　账单明细

花呗是“先消费，后还款”，每个月消费后是需要还款的，蚂蚁花呗在还款日期间不需支付任何费用，即免息，免息时间最长可达 50 多天。

蚂蚁花呗账单分期有 3 期、6 期、9 期、12 期，一般只有在每个月 1 号到 10 号之间可以申请分期。

作为花呗的小伙伴——借呗，在一定程度上可以解决资金流通问题，具体操作如下。

登录支付宝，点击“蚂蚁借呗”按钮，如图 3-25 所示，紧接着我们将进入借呗的详情页面，如图 3-26 所示。

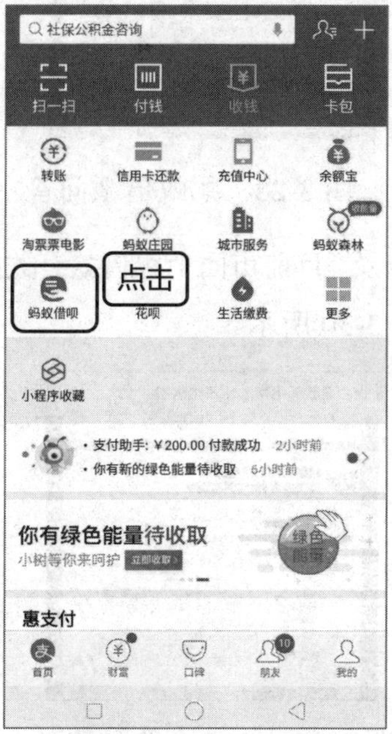

图 3-25　蚂蚁借呗

图 3-26　蚂蚁借呗首页

在首页点击“我的”按钮，查看关于我的借呗的详情信息，单击“借钱无小事，想好就借呗”按钮，进入借呗的使用说明页面，如图 3-27 所示。

同时在进入的页面中，我们可以看到“在借呗能放心借款吗”的相关信息，如图 3-28 所示。

图 3-27　我的蚂蚁借呗　　　　图 3-28　蚂蚁借呗问答

此外，还有“理性借款，量力而行”以及“目前市面上跟借款有关的套路/ 陷阱有哪些”等相关信息，如图 3-29 和图 3-30 所示。

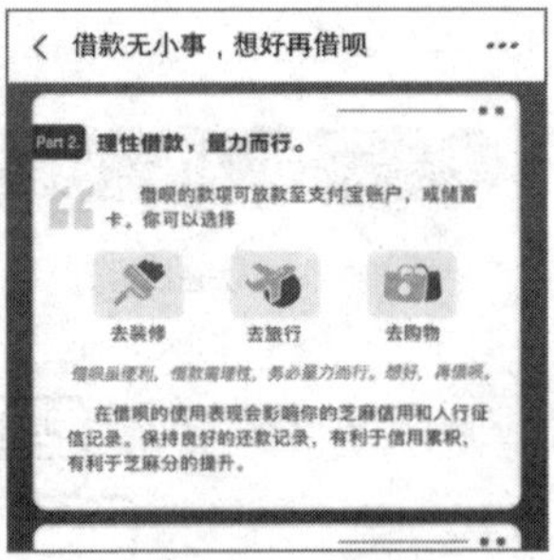

图 3-29　理性借款　　图 3-30　借款套路和陷阱

而关于蚂蚁借呗的额度，我们同样可以查询，在我的借呗里，点击“我的额度”选项，如图 3-31 所示，紧接着在打开的页面中我们将看到对应的借款额度，如图 3-32 所示，借款额度为 1 万元。

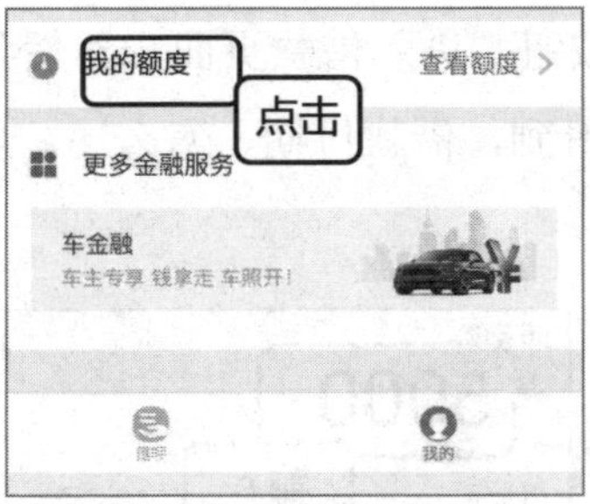

图 3-31　查看额度　　　　图 3-32　具体额度

当然，我们也可以通过借呗来实现人生理财，如贷款买车，在图 3-31 所示的页面中，点击“车金融”按钮，我们将进入贷款的具体流程页面，如图 3-33 所示。首先需要线上申请，接着是进店验车，最后是放款。如果用户有意，可点击“去看我的额度”按钮查看额度大小，但我们需要填写相应的资料，如图 3-34 所示。

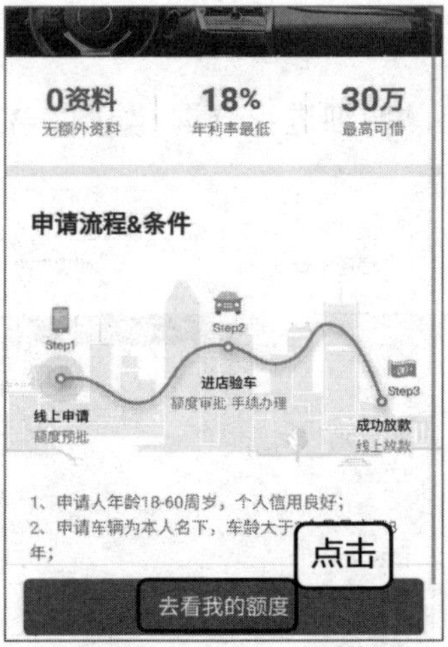

图 3-33　申请流程　　　　图 3-34　填写资料

此外，如果我们需要一定的流动资金周转时，可在我们的额度内申请借款，具体操作如下。

如图 3-35 所示，点击“去借钱”按钮，进入借款页面，然后我们需要对借款金额和用途进行填写，同时我们将看到，借款日期、怎么还、总利息、还款日、放款机构等信息，如图 3-36 所示。

图 3-35　借款页面

图 3-36　借款明细

当然借款以后，我们可以对借款和还款明细进行查询，如图 3-37 和图 3-38 所示。

图 3-37　借款记录

图 3-38　还款记录

此外，我们要记得，当所有的借款都还清以后，我们需要进行一个贷款证明记录保存，如图 3-39 所示。因为暂时有借款未还清，所以还不能打印贷款证明。但系统提示，结清所有欠款后，第二日可以开具。

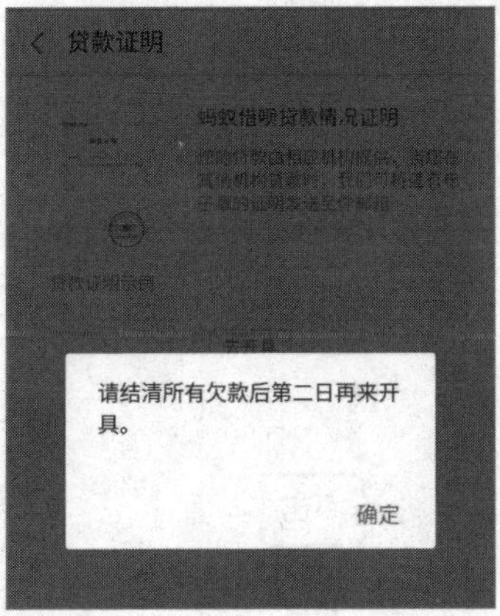

图 3-39　贷款证明

理财小贴士

在支付宝里，余额宝是基金；花呗是“信用卡”；芝麻信用是征信系统；蚂蚁保险是保险；蚂蚁借呗是小额贷款。

京东白条你会使用吗

京东白条是优惠券吗？NO!

京东白条是京东推出的一种“先消费，后付款”的全新支付方式，在京东网站使用白条进行付款，可以享有最长 30 天的延后付款期或最长 24 期的分期付款方式。2014 年 2 月，京东商城上线了京东白条。

如果京东的白条不用分期，可以 30 天后延期付款，没有费率。但如果选择分期，如分 3 期、6 期、12 期、24 期，费率标准是 0.5%~1.2%，违约金费率为 0.05%/日起。

要使用京东白条，首先我们得申请开通京东白条。登录京东账号，如图 3-40 所示，在该页面点击“我的”按钮，进入我的京东，点击“白条”按钮，申请白条开通，如图 3-41 所示。

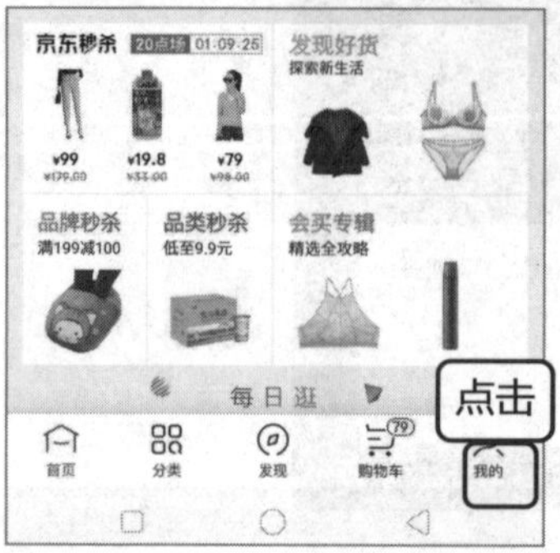

图 3-40　登录京东

图 3-41　点击“白条”按钮

在紧接着的页面点击“立即激活白条”按钮，开始开通白条之路，如图 3-42 所示。我们只需要按照说明开通即可，在这里不做详细讲述。

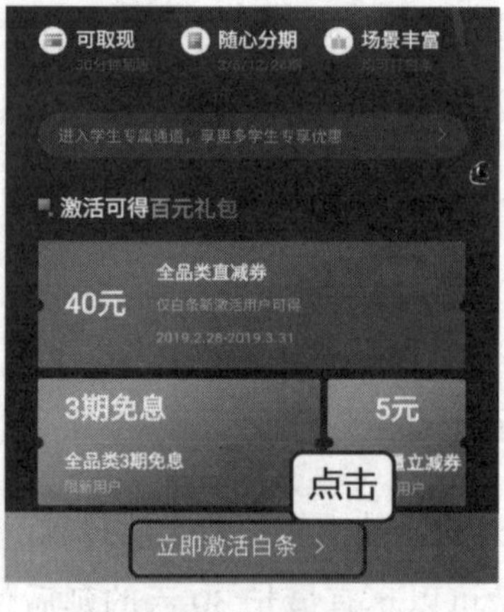

图 3-42　开通白条

白条开通完成后，接下来我们就可以使用白条进行购物了，由于白条是京东金融旗下的产品之一，所以我们可以选择登录京东金融，详细了解白条的使用，具体操作如下。

首先登录京东金融官网，在导航窗口中单击“白条”按钮切换到对应的页面，在其中就可以选择自己感兴趣的产品，利用白条购买，如点击“西屋烤蒸箱”超链接，进行购买，如图 3-43 所示。

图 3-43 选择购买的产品

接下来就进入产品的详情页面，如图 3-44 所示，我们将看到关于该烤箱的详细信息，如价格、6 期白条免息等。

图 3-44 产品详情

京东白条和花呗类似，是先消费后还款，所以我们一定要按时还款，京东白条有每月固定的专属账单日和还款日。

用户在固定的账单日生成账单之后，可以随时进行账单查询，在账单日 9 天之后就是还款日，例如，你的账单日为每月的 10 号，那么你的还款日就是 19 号，只需要在还款日当天还清账单即可。

除了用于如上所示的购物之外，京东白条还可以用来提现，但是目前来说提现只是一部分用户的福利。并且提现时，提出的金额不是总额度，只能提取其中一部分，具体额度因人而异。当申请京东白条提现时要注意以下几点。

- **还款日**：提现还款日为出账单日后的 9 日之内，如果你的账单日是 18 号，那么你最迟 27 号就要还款。
- **利息**：按日计息，如果你选择提前还款，那么只收取贷款实际天数所产生的利息。
- **收款账户**：必须是本人的银行卡，不支持信用卡。
- **放款**：提现成功后，一般会在 30 分钟以内放款到你的银行卡。

无论是利用白条消费还是提现，我们一定要注意按时还款，现在京东白条接入了个人征信，逾期将影响我们的个人征信。当然在利用白条进行消费时，一定要注意不要盲目消费，要注意节流。

P2P 网贷理财，安全要放在第一位

近年来我们常听说各种 P2P 跑路事件，什么是 P2P？P2P 是理财方式吗？P2P 风险你知道吗？

P2P 的本质是一种网络借贷平台，它随着互联网以及民间借贷发展而来，是一种新的金融模式。在 P2P 平台上，具有两大产品，分别是投资理财和贷款。

任何的投资都有风险，P2P 亦如此，常见的 P2P 投资风险有公司跑路风险、业务风险、经营风险、流动风险、政策与合规风险等，下面具体针对这几项投资风险进行介绍。

- **公司跑路风险**：平台跑路是投资P2P最大的风险，也是让投资者最为担忧的风险，到时投资者损失的将不只是利息还包括本金。
- **业务风险**：体现在公司、高管或者团队在操作具体的产品业务时，由于经验缺乏或者错误预估，对风险失去控制。
- **经营风险**：P2P行业近年来增长很快，行业更新迭代的速度非常快，每年有跑路的，但也有巨头不断加入市场，有的平台甚至建立几个月就消失了，这和公司的经营息息相关。
- **流动风险**：金融市场固有的风险，过去较多，近年来较少。
- **政策与合规风险**：新的监管要求已经出台，如果P2P企业违规操作，则存在较大政策风险。

当我们利用P2P投资理财时，安全是第一位的！作为一名P2P理财小白，合理规避风险是必要的，以下几点小建议仅供参考。

- **查看平台的背景**：了解平台是否和银行达成协议进行相应的资金托管，具体有哪些银行。查看该平台的相关网站和APP，对于该平台公司的注册资金、产品信息、过往业绩、历史数据等进行了解。
- **了解平台的风险保证金**：风险保证金是当平台上的投资项目发生逾期时，平台从风险保证金账户中能拿出的进行本金或者利息垫付的资金。选择平台时，可先查看该平台的风险保证金情况。
- **是否具有第三方担保**：如果有第三方担保公司对于平台的本金和利息进行担保，将在一定程度上减少投资者的投资风险。
- **谨慎高收益**：对于有些平台推出的年收益率高达15%或20%以上的，一定要谨慎，以免被骗。
- **平台的业务能力如何**：主要体现在贷前审核、贷中监控、贷后管理等平台的风控能力及整个平台的运作能力和客户服务水平。

- **平台的高管团队是否专业**：P2P 平台本质上是金融行业，有一群金融背景强大、专业性很强、实践经验很丰富的行业高管很有必要。
- **信息披露是否完善**：对公司和投资项目的运营数据、借款人信息、其他信息等的披露是否完善，平台信息披露一定是公开、透明、即时的。当然在互联网时代，用户体验也很重要，特别是用户对于资金的提取是否方便。
- **分散投资**：除了控制单个平台的风险外，我们仍要通过分散投资来降低风险，包括配置组合投资比例。

P2P 理财的投资门槛较低，可以满足大多数人的理财需求。但是我们也不得不注意，一定要避免选择一些平台小、高收益的平台，这类平台的安全性不容易得到保证，容易损失本金。

可能在某一阶段我们就看到公司由于违约、突然停业和资金冻结等使理财者的资金被套牢的公告，所以在选择平台时千万要慎重。

众筹理财全攻略

众筹，我们常在各个网站看到这个字眼，甚至在京东或者淘宝，那么众筹是怎么回事？可以用来理财吗？

众筹从字面意思讲是集合众人之力，进行筹款。实际上，众筹是各大众筹公司以发起项目众筹的形式，将收集到的资金用于某一项目或者某一创意，我们不需要自己去操作，有专门的众筹公司或者团队去操作，如果项目成功我们可以享有一定的红利，如果众筹失败，平台将退回我们的本金。

该如何理解众筹呢？5 个小说明简单介绍如下。

众筹分类很简单

众筹一般可分为股权众筹、债权众筹、预购众筹、捐赠众筹、物权众筹等方式，众筹项目一般适用于具有闲置资金的普通大众。

众筹规则要清楚

一般众筹项目都规定有筹资目标和筹资天数，参与者应在筹资到期前将资金筹集到位。资金达到筹资目标，那么该项目成功，如果在规定的期限内金额不足，项目失败，资金退回给投资者。

众筹成功关键点

一般众筹项目要成功与筹资天数长短、筹资金额大小、项目回报率高低、是否定期更新项目信息、项目策划与包装、项目运作公司及团队等息息相关。众筹从某种程度上可以看成是一种团购，投资者参与众筹，是一种购买行为，非投机。当然众筹的项目一定是合法的。

众筹风险有哪些

“投资有风险，入行需谨慎”，众筹风险简单介绍如下。

- **项目信用风险**：众筹项目运作公司对于众筹项目信息发布非真实，对于投资者具有欺骗企图。
- **项目回收风险**：项目筹资成功后，运作不佳，参与者到期无法获得承诺的项目回报的风险。
- **众筹平台风险**：一般表现在筹资的平台违规将资金挪用到自己的资金池，成为非法集资。
- **其他风险**：其他触及非法集资的不法行为及由此可能导致的违法风险和无法回收投资的风险。

众筹防风险模式

对于以上存在的风险，个人在参与众筹项目前，就需要采取一定的措施进行合理规避。选择一个良好信誉的众筹平台，对项目信息的真实性、准确性、全面性进行准确判断；对平台运作模式、制度设计、管理能力以及信用保障能力等进行认真了解；不要盲目相信高收益；在一些专家的指导下选择一些合适的平台和项目；认真阅读相关项目说明，同时可储备一些法律知识。

百度百赚是否真的“稳赚”

百度百赚系列产品是度小满中的活期理财产品，和余额宝、理财通等属于同类产品。7 日年化收益率高于余额宝，甚至在同类产品中处于收益较高的位置。

百度百赚是百度金融中心和华夏基金为普通用户设计的一款理财产品，具有风险低、安全性高、流动性好、零手续费等优势，百度百赚一般常用于投资 1 年以内的国债、央行票据、银行存单等安全性较高、收益稳定的金融工具，对于股票市场较少涉足，所以投资风险较低。

对于百度百赚能够实现稳赚吗？一般可以从如下几方面去理解。

- **起投金额**：起投金额非常低，适合普通大众，有些产品甚至低到 1 分起，所以产品门槛较低。
- **安全性**：由于百度百赚的后盾是百度，资金实力很强，所以安全系数很高，不会存在平台公司跑路行为。
- **手续费**：在平台上进行提现或转出，一般无手续费。
- **资金流动性**：资金流动性较高，如有的产品可随存随取。

- **收益稳定**：百度百赚对接的也是货币基金，货币基金的风险很低，而收益也是相对稳定的。

所以选择百度百赚一般还是稳赚的，虽然近年来年化收益率有所降低，这也是受到整个货币基金市场的影响，但总体收益还是稳定增长的。

百度百赚属于活期理财系列，安全稳定性高，但是并不能保证稳赚，所以要想通过百度百赚实现稳赚还是要根据市场行情进行。

我们要注意百度百赚和百赚利滚利是有区别的，简单比较如表3-5所示。

表3-5　百度百赚和百赚利滚利区别

项目	百度百赚	百赚利滚利
合作基金	华夏基金	嘉实活期宝货币基金
转出限制	百度百赚快速赎回上限为20万元	百赚利滚利快速赎回上限为5万元
申购上限	百度百赚的投资上限以各银行划款上限为准	百赚利滚利每个账户限购100万元
收益率	收益都以万份收益和7日年化收益率计算，每天收益都有变化	收益都以万份收益和7日年化收益率计算，每天收益都有变化

如上表所示，两者同属于百度平台产品，但对接的基金是不一样的，这就意味着在申购金额、转出金额、收益率等方面都存在一定的区别，当然在安全性、资金流动性、起投金额、投资风险等方面两者差异并不大。而个人选择投资时，可根据投资偏好选择。

理财小贴士

“收钱”一般指赎回您购买的基金产品，现金划往您收款银行卡的过程。常见的有快速收钱和普通收钱，快速收钱一般指在30分钟内资金转账到达银行卡；普通收钱一般指在下一个工作日资金到账。

本章小结

这个时代是智能化的时代，是互联网的时代，更是理财的时代，如何利用身边的一些互联网小工具，实现我们的理财目标是需要思考的问题。

一些我们常用的消费工具，不仅仅是消费，还可以用来理财，关键是我们要掌握到其中的一些小技能，避免掉入一些小陷阱，更避免盲目滥用。

本章从互联网金融小常识的理论说起，到接下来支付宝、微信、零钱宝、蚂蚁花呗、蚂蚁借呗、京东白条、P2P、众筹、百度百赚小工具的使用，包括了从开通到基本运用一系列内容，实现了从理论到实操的过渡，通篇内容简单易学。

我们在日常生活消费的同时，通过互联网理财工具的使用，实现开源节流，并且实现个人财富增值。在选择理财产品时，本金安全是重点，当然收益稳定甚至有保障是最佳。

在到具体操作层面时，针对不同理财目标能够有针对性地选择不同的理财工具。没有最好，只有最适合，适合自己的才是最好的，在消费的同时，针对性地选择相应的互联网理财工具。在获得相应收益的同时，也在一定程度上避免了冲动消费，同时也避免了更大的理财风险。

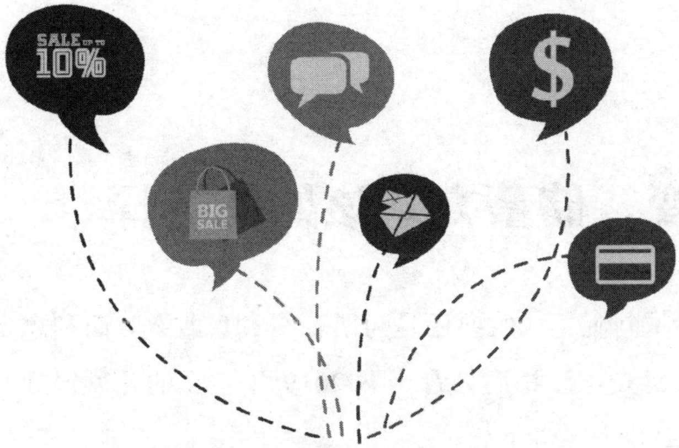

—— 工资理财：0到30万的财富积累 ——

第 4 章

储蓄与银行理财，让工资有“利”可图

储蓄作为中华民族传统美德之一，延续至今，是有其特色价值的，那么，我们该如何来理解储蓄？如何选择适合自己的储蓄？在利率变动下，我们选择哪一种储蓄最合适。

网上买买买，怕不怕网银被盗？有没有小技能能防止被盗，短信诈骗你遇到过吗？如何来防范！

存定期，存一年还是存五年？提前取出利息怎么算？你是存的定期还是买的基金，不要傻傻分不清楚。

银行理财小幸运，总有一款属于你！银行理财行动小计划怎么做？所有的问题都可以在本章找到答案。

利率善变，储蓄方式该如何选择

我们进行银行储蓄，主要还是为了获得利息收入，而利息多少是由利率大小来决定的。首先，让我们来看一下 2019 年常见的几家银行的存款利率表，如表 4-1 所示。

表 4-1　2019 存款利率表

银行/基准利率	活期（年利率%）	整存整取（年利率%）						零存整取、整存零取、存本取息（%）		
		三个月	半年	一年	二年	三年	五年	一年	三年	五年
基准银行（央行）	0.35	1.10	1.30	1.5	2.10	2.75	2.75	-	-	-
工商银行	0.30	1.35	1.55	1.75	2.25	2.75	2.75	1.35	1.55	1.55
农业银行	0.30	1.35	1.55	1.75	2.25	2.75	2.75	1.35	1.55	1.55
建设银行	0.30	1.35	1.55	1.75	2.25	2.75	2.75	1.35	1.55	1.55
中国银行	0.30	1.35	1.55	1.75	2.25	2.75	2.75	1.35	1.55	1.55
交通银行	0.30	1.35	1.55	1.75	2.25	2.75	2.75	1.35	1.55	1.55
招商银行	0.35	1.35	1.55	1.75	2.25	2.75	2.75	1.35	1.55	1.55
中信银行	0.30	1.40	1.65	1.95	2.40	3.00	3.00	1.40	1.65	1.65
光大银行	0.35	1.40	1.55	1.95	2.41	2.75	3.00	1.40	1.65	1.65
浦发银行	0.35	1.40	1.65	1.95	2.40	2.80	2.80	1.35	1.55	1.65
平安银行	0.30	1.10	1.30	1.50	2.10	2.75	-	1.10	1.30	-
广发银行	0.30	1.40	1.65	1.95	2.40	3.10	3.20	1.40	1.55	1.45
华夏银行	0.30	1.40	1.65	1.95	2.40	3.10	3.20	1.40	1.57	1.65
民生银行	0.30	1.40	1.65	1.95	2.35	2.80	2.80	1.40	1.65	1.75
兴业银行	0.30	1.40	1.65	1.95	2.70	3.20	3.20	1.40	1.65	1.95
成都农商	0.42	1.43	1.69	1.95	2.73	3.575	4.00	1.43	1.69	1.95

以上的利率数据采集自某银行分行，并不代表全国所有银行的存款利率。因此，在确定存储银行后，可以去银行官网或者分行网点进行了解。而从图中我们可以知道，不同的储蓄方式，利率是不同的。

储蓄一般可分为四大类，分别是活期储蓄、定期储蓄、华侨人民币储蓄、外汇储蓄，下面对较常用的活期储蓄和定期储蓄进行简单介绍，仅供参考。

活期储蓄

一般就是我们常说的活期存款，可随时存入和支取卡内现金的一种储蓄，如我们的工资卡。一般起存最低额为 1 元，每年清算一次利息，平时经常动用的资金都可以采取该种方式，如我们微信或者支付宝里的银行卡。

定期储蓄

定期储蓄一般指我们在开立账户时，对于本金、存款期限、利息等进行了相关约定的一种储蓄方式。适合拥有一定的结余资金而暂时闲置，但在未来某一时期可能动用的家庭。

定期储蓄一般可分为整存整取、零存整取、整存零取、存本取息等，此外还有通知存款和教育储蓄。简单介绍其中几种，以供参考。

整存整取一般是指在开户时就已经约定好了存期，并且在开户时一次性整笔存入到期一次性支取本利息的一种存款，一般可以从如下几方面去理解。

- **起存金额**：一般最低限额是 50 元，如果使用外币，则是 100 元的同等值交换的金额。
- **存款期限**：一般人民币的存期有 3 个月、6 个月、1 年、2 年、3 年、5 年等，而如果使用外币，则存期有 1 个月、3 个月、6 个月、1 年、2 年等，具体情况还可以咨询相关银行。
- **存款支取**：一般是到期支取，但如果有提前支取的情况，只能提前支取一部分，利随本清，利率按照约定计算。

- **存款利息**：利息适用的公式一般是“利息=本金×年利率×存款期限”，具体以银行约定为准。

整存整取最大的特色是整笔存入，整笔取出，如果你存入 5 万元，还未到期就支取，是不能全部取出的。可以分批次取出，比如首次支取 2 万元或者 3 万元，剩余的最后一次性支取。

当我们整笔存入，到期分次取出，那么就是整存零取的一种储蓄模式，整存零取简单介绍如下。

- **起存金额**：一般最低限额是 1000 元，而且一般都是人民币存入。
- **存款期限**：1 年、3 年、5 年等 3 种存期。
- **存款支取**：一般是到期支取，不能部分提前支取，但可以全部提前支取，但全部提前支取一般会按照活期利率计算。
- **存款利息**：一般使用的公式为“利息=存款累计日积数×年利率÷360”，其中，存款累计日积数=计息期内每日余额合计数。具体以银行约定为准。

因此，我们可以看到整存整取和整存零取无论是在起存金额、存款期限、存期支取上都具有很大的不同。

当然我们也会有零钱存入，到期整笔提出的情况，就像我们可以从微信零钱里提取整笔金额到银行卡，这种储蓄模式就是零存整取。

零存整取一般指约定了存期，每月固定存款，到期一次性支取本息的一种储蓄，简单介绍如下。

- **起存金额**：一般每月 5 元起存，每月存入，如有漏存可在次月补齐。
- **存款期限**：1 年、3 年、5 年这 3 种存期。
- **存款利率**：一般为同期定期存款利率的 60%，具体以银行的公布为准。

- **存款利息**：利息计算公式一般为“利息=月存金额×累计月积数×月利率”。其中，累计月积数=（存入次数+1）÷2×存入次数。具体以银行约定为准。

零存整取比较适合收入较低者或理财小白们，实现生活结余的积少成多，适合有固定收入和小额存款的客户，我们要注意千万不要连续两个月漏存。因为一般只有一次补漏机会。但不同的银行可能会有不同的规定，具体还是以银行的约定为准。

当我们一次性补入一笔金额，并且和银行约定分批次的支取相应的利息，到期再支取本金时，这种储蓄就是存本取息。简单介绍如下。

- **起存金额**：一般存款的最低起存限额为5000元。
- **存款期限**：1年、3年、5年这3种存期。
- **存款支取**：一般可以和银行约定在支取的限额里多次支取。
- **存款利息**：一般的计算公式为“每次支取利息数=本金×存期×利率/支取利息的次数”。具体以银行约定为准。

我们知道组合投资是最佳的投资方式，储蓄也如此，如存本取息一般可以和零存整取相结合，更好地提高利息收入。

当然如果是有宝宝的家庭，教育储蓄是可以考虑的。教育储蓄简单来说是在指定的银行开户、规定存入金额、具有特定用途的一种专项储蓄，专为学生支付非义务教育所需教育金的专项储蓄。

- **起存金额**：一般存款的最低起存额为50元，最高限额为2万元。
- **存款期限**：1年、3年、6年这3种存期。
- **存款支取**：凭存折、身份证和户口簿（户籍证明）和学校提供的正在接受非义务教育的学生身份证明，一次支取本金和利息。
- **存款利息**：教育储蓄一般采用的是零存整取的定期储蓄，所以利息适用于零存整取的利息计算公式，具体以银行约定为准。

对于教育储蓄我们要注意，如果在开办时漏存，应在次月补存，如果不按时补存，银行将视同违约，违约后再存入将被视为活期存款利息。当到期还未支取的，逾期部分按支取日挂牌公告的活期存款利率计付利息。

到底选择哪一种储蓄方式，首先应该考虑利率，当然在存入之前我们可以先根据自己手里的结余资金进行一个利息计算，简单操作如下。

登录理财计算器官网，存期为一年，总计存入金额 2 400 元，利率分别为 3.1%和 3.5%，一年下来的总计利息为 40.30 和 84.00 元，如图 4-1 所示。

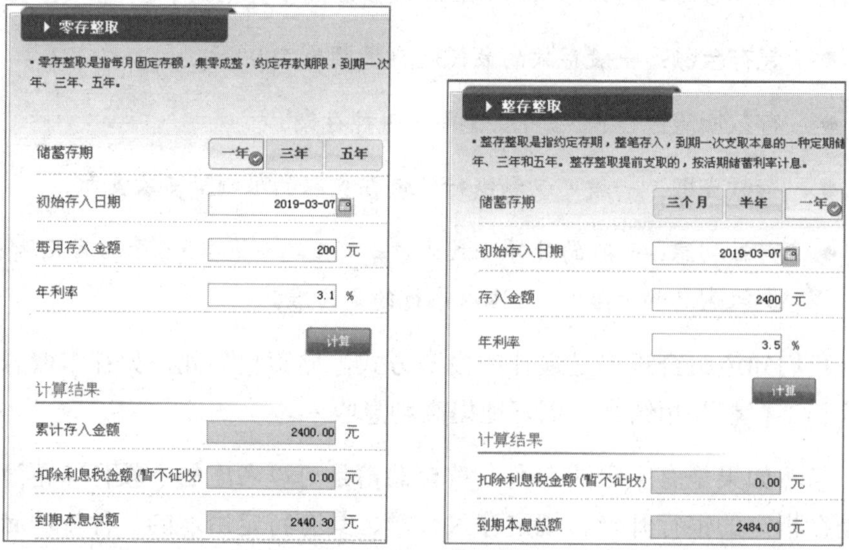

图 4-1　两种不同的存款类型

如上图所示的两种利息，同样的本金，零存整取的利息会低于整存整取，但是零存整取是每月存入，可以在一定程度上减轻理财者的理财压力，每月存入也正好适合工资卡的结余存入。

总之，无论选择哪一种存款，除了考虑利率外，还要考虑家庭的实际情况，包括对于流动资金的需要程度以及家庭支出等。

转账费用少支出，妙招来报道

我们日常生活中可能会常使用微信、支付宝等进行转账，当然有时大额的款项我们还是会用到柜台、网银、ATM、手机银行等。而这些转账大部分都是需要收费的，如果是异地异行转账，费用还不低。

不同的转账平台，收取的费用是不一样的，简单介绍如下。

- **柜台转账手续费**：一般最高 50 元，按照汇款金额的 0.5%~1%收取相应手续费。
- **网银手续费**：低于柜台的手续费，但是一般需要 UKey，它的费用为 50~80 元。
- **ATM 跨行转账**：手续费比柜台转账略低。
- **手机银行跨行转账**：大多数银行手机银行跨行转账都不收取手续费。
- **第三方支付**：一般会有限额，但多数可免费。

在我们日常生活中，可能最常遇到的就是第三方支付转账，如微信和支付宝，以支付宝为例。一般分两种情况。

- **实名用户**：同一身份证下的多个支付宝实名账户终身共享 2 万元基础免费额度（含转账到银行卡、账户余额提现），超过额度后，超出金额按照 0.1%收取服务费，最低 0.1 元/笔。
- **非实名用户**：目前无基础免费额度，转账到卡按照金额的 0.1%收取服务费，最低 0.1 元/笔。

如何减少我们的转账费用，几个小建议介绍给大家，仅供参考。

- **支付宝**：在支付宝里绑定两张银行卡，可以用其中一张银行卡充值，另一张银行卡提现。当然也可以转账到双方的支付宝账号。可以减少相应的费用。
- **手机银行**：大多数银行手机银行跨行转账都不收取手续费，我们可以先了解那些不收手续费的银行，然后进行手机银行转账。
- **地方商业银行**：一般一些地方商业银行都不收手续费的，具体以银行公告为准，在不收费的前提下可通过柜台或网银转账。
- **理财平台转账**：当我们购买一些基金时，绑定相应的银行卡后，一般的转账不会收取相应的手续费，具体以基金公司公告为准。

现在大多转账方式都是要收费的，具体选择哪一种转账方式，看个人的需求和预算而定。当然还需要考虑时间问题，最佳的转账组合不一定有最合适的时间。所以，要具体问题具体分析。

怕网银被盗，六招来防范

现在出门购物还有不能手机支付的地方吗？当然有，但是太少了，不太懂智能手机的菜市场叔叔阿姨都知道微信支付。在手机支付到处运用的前提下，我们扫一扫会不会扫出问题，我们的网银会不会被盗呢？

我们常常听到某某网银被盗的新闻，那么有没有什么小技巧是可以用来防止我们的网银被盗呢？

答案是肯定的，6 个小招数提供给大家参考。

- **防止手机中毒**：一般对于陌生的链接，我们千万不要好奇点开，特别是一些点开红包的链接，这类链接可能存在手机病毒。同时也提醒我们通过手机绑定的银行卡，不要有太大的金额，以免中毒后造成不必要的损失。

- **别轻易安装换积分的软件**：一般骗子会通过一些伪基站群发兑换积分短信，如果你根据收到的短信去登录相关的网站并且输入个人信息后，根据相应的提示安装了带病毒的软件，那么你的手机支付验证短信等信息可能会被骗子收到，如果据此申请付款将给你带来损失。
- **远离自动抢红包软件**：对于一些自动抢红包的软件一定要小心，因为这些软件会将软件和木马病毒一起植入手机，那么你手机的操作可能被远程监控，从而为自身带来损失。
- **不要到处扫一扫**：一般二维码的生成很简单，如果骗子将病毒程序的网址粘贴到二维码生成器上，可能生成有“毒”的二维码。从而导致手机中的信息被提取，给你带来损失。
- **公共场所蹭网要小心**：在很多公共场所有免费的网络，我们要注意保护自己的手机安全，防止在蹭网时被安装恶意软件。
- **登录正规网银网站**：当我们登录网银或者某购物网站使用网银支付时，安全的网银使用应符合网址的前缀，应为“https”，并且浏览器上会显示一个“挂锁”图形的安全证书标识。此外，如果我们收到“网银账户冻结、升级”之类的电子邮件、电话或短信通知时，一定要到银行当面咨询或拨打银行客户服务咨询，切记不可直接访问此类信息中附带的网址。

除了如上的防范外，我们在平时使用网银时一定要注意养成良好的使用习惯，如手机密码和支付密码不要随意设置，下载一些软件时尽量选择正规的渠道，并且在安装相应的软件后要杀毒，建议手机装一个杀毒软件，便于平时的垃圾清理和病毒防护。

对于我们的支付环境也尽量设置安全，如安装带密码的安全控件，进行加密或者申请一些口令证书等。因为微信和支付宝是我们常用的支付工具，其支付环境就显得尤为重要，如何降低支付风险呢？下面进行简单介绍。

我们以支付宝的安全设置为例。首先是登录支付宝，在首页点击“我的”按钮，如 4-2 所示，在打开的界面中点击右上角的“设置”按钮，在打开的页面中点击“安全设置”选项，如图 4-3 所示。进入安全设置操作。

图 4-2　登录支付宝

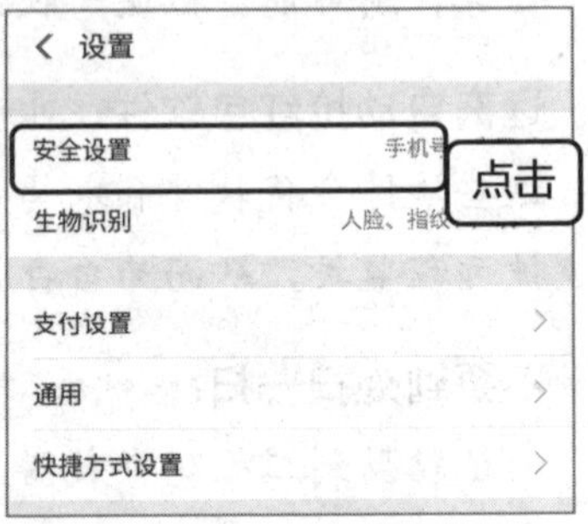

图 4-3　点击“安全设置”选项

系统将自动提示我们设置相应的解锁密码，可选择指纹或者手势，如图 4-4 和图 4-5 所示，通过指纹的方式设置，方便安全。

图 4-4　选择指纹解锁

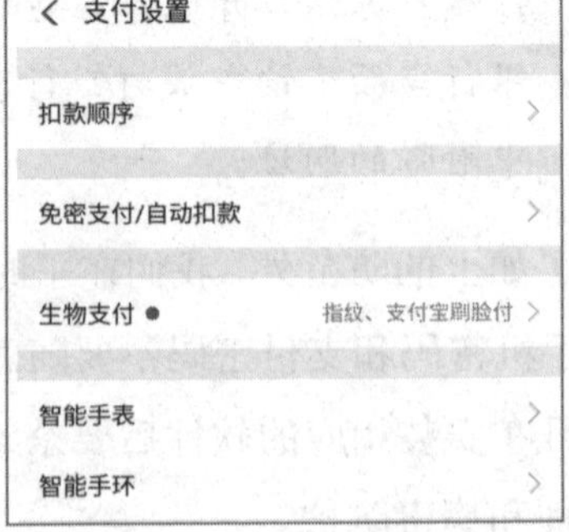

图 4-5　设置指纹解锁

同时我们对于扣款顺序也可以进行相应的设置，操作步骤很简单，在这里我们不做详细讲述。

当然，对支付安全进行设置后，我们也可对转账安全进行相应的设置，同样在支付宝的首页点击“转账”按钮进入转账页面，点击其右上角的“…”按钮，如图 4-6 所示，在打开的页面中即可对转账的到账时间进行设置，如 24 小时后到账等，如图 4-7 所示，从而进一步保护我们的转账安全。

图 4-6 转账页面

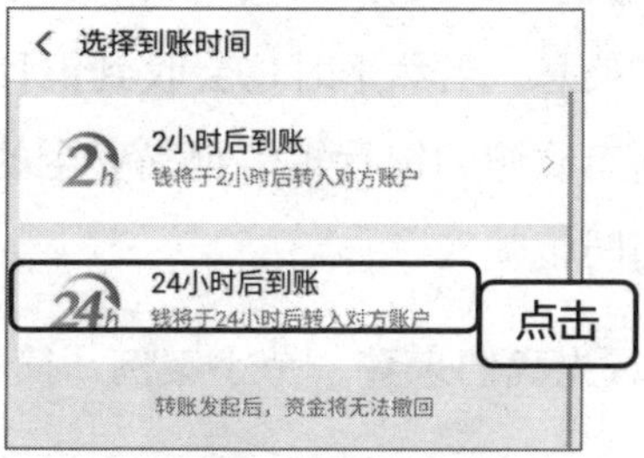

图 4-7 转账到账设置

当然，为了我们的支付安全，微信也可以进行相应的设置，操作步骤也很简单，在“我—支付—钱包—安全保障—数字证书”路径下点击“数字证书”选项，如图 4-8 所示，在打开的界面中点击“启用”按钮即可自动安装数字证书，如图 4-9 所示。

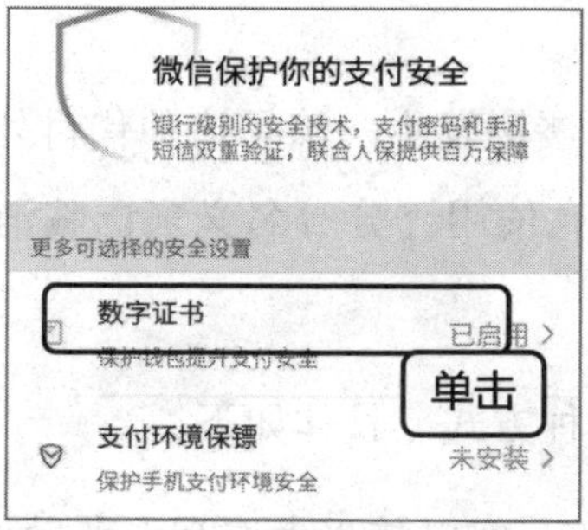

图 4-8 支付安全项目

图 4-9 启用数字证书

无论是微信还是支付宝，安全设置都很重要，我们一定要重视。

银行卡短信诈骗，三招交给你

当我们的银行卡开通短信提醒以后，无论是消费还是转账都能收到相应的提示信息。当然平时也会收到银行的节日问候或者产品推广信息。但是，并不是所有收到的银行短信都是安全的，也可能收到伪装的一些诈骗短信，我们该如何防范呢？

首先我们来看一个小案例，简单介绍如下。

张先生去年刚大学毕业，在一家民营企业做培训老师，平时的交友也比较广，某天他收到朋友的短信，朋友发过来一个链接，要求帮忙代付一下某商品款，他打开以后发现是某平台的购物链接，商品信息也很正常，最开始他也怀疑是诈骗短信，但是对方对他的近况都还是很了解的，而且因为当时比较晚了金额也不多，于是他就没有向朋友进行电话核实，而是直接付款了。

结果第二天，他才收到信息，信用卡被盗刷了 5 000 元，他马上给朋友打电话，朋友说他并没有发过该链接。

近年来，如上例中的短信诈骗事件屡屡发生，除了这种代付外，一般还会以帮助消费者提高信用卡额度以及提高信用评分等名义来诱骗消费者填写信用卡号、密码、CVV2 码等。

一般的短信诈骗，我们常见的有 3 种方式，具体如下。

- **假冒银行工作人员发送相关短信：**常以信用卡逾期、帮助调整额度、积分兑换等形式引导客户在其链接网站填写银行卡号、密码、身份证号、验证码等关键信息。读取被骗者的个人信息，最后假借被骗者的名义去刷卡购物，从而给被骗者带来损失。

- **发送退款或者退款链接短信：**一般消费者在网上支付后，一些诈骗机构会假借系统故障或者支付不成功的名义，要求消费者以电话、短信、网址链接等形式提供银行卡号、密码、手机动态密码等。从而盗取消费者的个人信息，实施诈骗。
- **发送不明链接：**一般我们在日常生活中，可能会收到一些不明链接，如买房、炒股等最新信息的链接，甚至可能会收到一些非官方的二维码。无论是链接还是二维码，我们都要小心，不要轻易点进去或者扫描，以防个人信息的泄露。

而针对这些短信，3个小妙招仅供参考，具体如下。

- **确保网络支付环境安全：**无论我们使用手机支付还是电脑端支付，一般建议先安装一些杀毒软件或者防火墙，并且定期更新杀毒软件，防止受到病毒感染。
- **确保支付网站安全：**我们可以选择一些良好信誉的公司网站支付，在支付页面，我们要注意页面网页前缀一般为“https://”，并且网页显示相应锁的图形，表明你的交易是受到加密保护的。
- **确保账户信息安全：**一般避免在公共场合使用网银或者银行卡信息。即使已经使用，在离开后也要退出相应的环境，并且需要经常核对相应的账单，及时发现交易异常，如遇异常要及时拨打银行客户服务热线，寻求解决的方案。

一般当你手机突然收到“激活账户”、“升级信用卡”等字眼的短信时，我们就需要注意了，这些可能是一些诈骗短信，特别是在年底春节前夕，诈骗短信增多，我们更要小心。

一般当我们在网上支付时需谨防诈骗短信，牢记用卡安全，避免损失。当然在日常生活中，我们还要知道一些钓鱼网站，避免陷阱。

理财小贴士

钓鱼网站通常指伪装成银行或电子商务，窃取用户提交的银行账号、密码、动态密码等私密信息，从而给用户带来经济损失的一些网站，这类网站一般可用杀毒软件进行查杀。

储蓄还是银行理财，不要傻傻分不清楚

你有没有遇到，当你去银行办理相关业务时，银行的客户经理向你推荐购买银行推出的某投资期限短、收益稳定、利息还可观的一些理财产品？

这些理财产品是银行推出的还是银行代理某金融公司的呢？银行理财产品是不是可以和储蓄画等号呢？

银行理财产品简单地说就是商业银行在对目标客户群进行研究的基础上，针对特定的客户群所设计、开发、销售的一些资金管理计划，银行和客户是被授权和授权的合作方式，投资收益与风险由客户自己承担或客户与银行按照约定方式承担。

对于银行的理财产品，我们一般可以从产品分类、收益计算、购买小技巧、常用术语等方面去理解，简单介绍如下。

首先，产品分类要知道

对于银行的理财产品，一般可以从风险、收益、投资品种这 3 方面去分析，根据不同的分类标准，可以划分为不同的产品，简单介绍如下。

- **按风险划分：**从风险大小出发，产品可以分为四大类，分别为基本无风险、较低风险、中等风险、高风险，产品代表如银行存款、国债、货币市场基金、债券基金、信托类等。

- **按收益划分**：一般可分为两大类，保本收益和非保本收益。对于保本的理财产品，可分为保本型理财产品和保本浮动收益理财产品。
- **按投资品种划分**：一般可分为两大类，人民币理财产品和外币理财产品。人民币理财产品常见如国债、金融债、央行票据等投资收益有保障的理财产品，而外币理财产品一般常见有通过多种货币的理财。

其次，产品收益这样算

无论是哪一种理财产品，我们关注的都是相应的理财收益，那么银行理财产品的收益该如何计算呢？

计算银行理财产品的收益，一般适用于公式“收益=本金×预期年化收益率×期限（天数）/365”。如某投资者购买了 2 万元的银行理财产品，期限为 122 天，预计年化收益率为 3.6%，那么根据公式可得利息 240.66 元。

在计算银行理财产品的收益时，我们要注意，银行的理财产品和储蓄不同，一般不允许提前支取，当然有的可以提前支取，具体要以产品说明书为准，当产品到期时，会将本息划转到储蓄账户。

然后，一些购买小技巧要知道

对于银行理财产品的购买，与其他任何一种投资一样，都存在一些小技巧，以下几点仅供参考。

- **看懂产品说明书**：一般说明书由“风险提示+产品概述”构成，风险提示要看清，特别是到期本金和收益。而对于产品概述，主要了解产品风险等级、投资期限、认购期、募集期、收益计算方法等。
- **必要的提问**：如产品是否能保证本金和收益？实现最好收益的前提是什么？最差收益将出现在哪种情况下？这些都将是必要的一些提问。
- **风险测试**：在我们购买之初，银行都将对购买者进行一个风险测试，然后再填写相应的产品认购书。在购买之前我们先要明确自己的风险承受能力，同时对该理财产品的风险高低我们要清楚，选择与自己风险承受能力相匹配的产品才是关键。

当投资者在阅读银行理财产品的说明书时，会遇到一些专业的金融词语，如果我们不能正确地理解，将对我们做出是否购买的决定带来一定的影响。所以知道一些银行理财产品通用术语还是很有必要的。

最后，常用术语要知道

对于银行的理财产品的常用术语，简单介绍如下。

- **发行者**：一般指银行理财产品的开发机构，如各大商业银行，实力雄厚的金融机构，其理财产品更可靠。
- **认购者**：就是购买银行理财产品的人群，为普通的大众或特定人群。
- **募集期**：一般指的是理财产品从销售开始到利息计算期间，一般是 3~5 天，有的会长一点，具体以产品说明书为准。
- **计息日**：一般指的是理财产品计算利息的起始时间。
- **结算日**：一般指的是理财产品到期后，利息停止计算的时间。
- **清算期**：一般指从结算日到本息回归到本人银行账户的时间。
- **流动性**：简单来说就是资产的变现能力。
- **嵌套**：一般指一些结构性理财产品中，常常嵌入了其他金融衍生品。
- **风险**：任何的投资都是风险与收益并存，风险低并不意味着没有风险，对于理财产品的风险结构状况，我们应有正确的认识。

在查看产品说明书时，如有不懂的术语，我们可以要求银行的理财经理进行说明，特别是那种“银行只能保证说明书承诺的收益”的含义。

存 1 年还是存 5 年，有多大差别

我们知道，不同的存期，利率是不同的，那么存 1 年和存 5 年，差别到底有多大呢？

首先，我们以某银行的利率为例，进行简单的说明，如表 4-2 所示。

表 4-2　某行银行利率

项目	年利率（%）
一、城乡居民及单位存款	
（一）活期	0.3
（二）定期	
1.整存整取	
3 个月	1.35
1 年	1.75
2 年	2.25
3 年	2.75
5 年	2.75
2.零存整取、整存零取、存本取息	
1 年	1.35
3 年	1.55
5 年	1.55

张先生，毕业工作 3 年了，今年年底领取到年终奖 2 万元，对于这 2 万元，他打算用来储蓄，但是存 1 年还是存 5 年，他还没有决定。

根据上表所示，1 年和 5 年的不同利息，简单对比如表 4-3 所示。

表 4-3　同一储蓄不同存期的利息计算

项目	本金（元）	存期	利息（元）
整存整取	20000	1年	350
	20000	5年	2750
存本取息	20000	1年	270
	20000	5年	1550

由上表可知，同样的 2 万元，无论是选择整存整取还是其他方式，存期 1 年和 5 年的利息收入是不一样的。相对来说，5 年期利息收入更高。但是同样的，5 年的存期表示在此期间存款不能随意取出，银行对于资金的占用时间会较长，资金的变现能力更低。所以无论是 1 年还是 5 年，各有优劣。

银行理财的 10 种防忽悠模式，正式开启

存款变保单的事件你听说过吗？

刘先生到银行存款，最后在银行理财经理的推荐下，购买了一款高收益的理财产品，结果却是一份保险合同，而且每年需要缴纳保费 1 万多元。虽然此类事件很少，但是也不是不会存在，毕竟在金融市场，一切皆有可能。

如何避免自己在银行理财中被忽悠，10 种小方法介绍给大家，仅供参考。

- **预估自己的投资比例**：对于自己的结余，不能听理财经理说可全部用来储蓄或者购买银行理财产品，应从自己家庭配置出发，一般不要超过总资产的30%最好。
- **了解银行理财产品的结构**：可了解该产品的投资方向，对于那些和股票挂钩的产品，虽然收益较高，但是风险也较高。
- **了解产品性质**：问清楚理财经理该款产品的本质，是保本固定收益型、保本浮动收益型还是非保本浮动收益型。
- **收益怎么算**：一般理财经理告诉你的收益可能只是预期年化收益率，最终到期的实际收益可能因为各种因素而缩水。
- **手续费怎么算**：一般银行的理财产品是不具有手续费的，但如果提前赎回可能产生相应的手续费。
- **抓住理财经理关键词**：如果理财经理在向你推销中，提到健康、保障、定投等，那么他给你介绍的可能是保险或者基金，要注意。
- **看清合同**：当我们在签订相应的合同时，一定要逐条看清合同内容，不能直接签字，如果合同中有申购、赎回、保险等内容时，可能是基金或保险。
- **明确合同中的责任和义务**：当我们签订相应的合同时，要明确合同规定的责任和义务，最终承担责任的是自己还是银行或者其他的金融机构，如果是投资者承担，那么承担的比例是多少。
- **谨慎产品的发行者**：在购买相应的理财产品之前，我们要清楚发行该产品的金融机构的背景、过往业绩、现状等，特别是之前的投资过往。
- **谨慎选择银行**：虽然不管是储蓄还是其他，银行相对其他的金融机构更有保障，但是并不意味着银行理财产品不会有风险。如某银行曾经被爆巨亏，本金损失率高达50%，因此在投资前，需要有一些基本了解，不能听银行工作人员盲目承诺。

除此之外，如果理财经理告诉你："这款产品只面向风险承受能力高的客户，你的资产、收入、风险偏好最好填最高的选项，这种评估只是形式要求，您可以随便填写，不用太在意这些细节。你刚刚填写的可能不会通过，需要这样改"。千万要小心，在这样的风险评估下，你可能会购买到一些风险较高的理财产品，与你实际的风险承受能力不匹配。

教你制定一个理财行动小计划

一般将军在上战场前，都需要制定相应的战略战术，从而更好地完成计划。理财亦如此，在购买之前我们需要制定一个小计划。

首先，上官网了解详情

如登录工商银行的官网，对相应的理财产品进行了解。单击"投资理财"按钮，我们可以看到如基金、定投、债券、理财案例等内容，如图 4-10 所示，单击"理财"超链接可看到银行近期的一些理财产品，如图 4-11 所示。

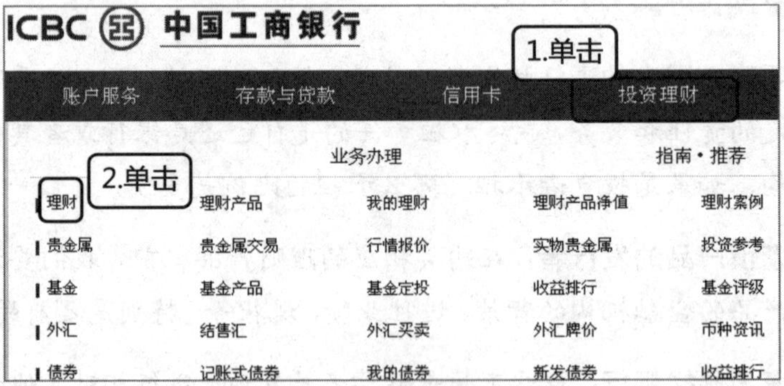

图 4-10　登录银行

在打开的页面我们将看到理财产品的相应信息，如"保本稳利 273 天理财产品"，以及大家最近都在购买的"财富稳利 42 天""财富稳利 98 天""'安享回报’套利 273 天理财产品”，单击进入详情页面，进行了解。

其次，产品选择

在进入的理财产品页面中，我们可以选择比较感兴趣的进行了解，如单击“财富稳利 42 天”超链接，进入该产品页面，如图 4-11 所示。

图 4-11　选择产品

然后，了解具体产品详情

在进入的理财产品页面中，我们可以看到该产品的详细信息，如预期收益率为 3.30%~3.50%，起购金额 5 万元，投资期限 42 天。如图 4-12 所示。

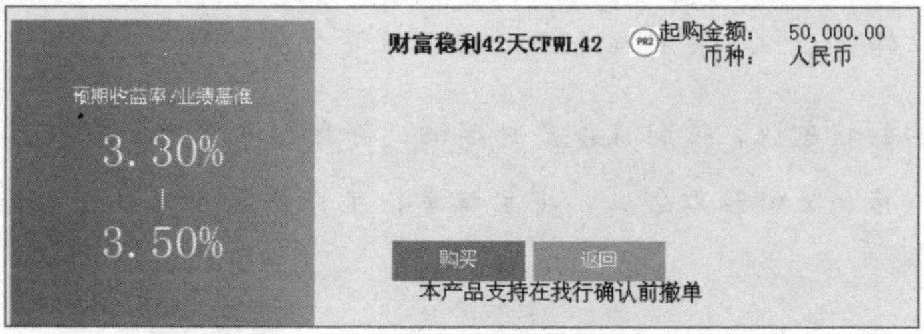

图 4-12　选择产品

最后，下载产品说明书

在产品的详情页面中，我们还可以下载关于该产品的概况和产品说明书，然后根据前面章节说明的注意事项和小技巧，最终确定是否购买。

本章小结

作为最简单的理财方式，储蓄方便又简单，不仅适合中老年人，年轻人也可以理出新花样，关键是如何理。

相对于其他的理财，银行储蓄更简单易学，当我们余额不多、工作繁忙又追求低风险及稳收益时就可以考虑该方式。

银行理财一般常见两种方式，银行储蓄和购买银行理财产品。

本章就是围绕着储蓄和理财产品进行描述，从一些基本常识到实操小技巧以及日常注意事项，同时本章还对较少转账费用、防范网银被盗、防范银行短信诈骗等进行了简单实用的说明。

本章重点需要关注的是银行的利率以及储蓄方式选择，最合适的才是最好的，还介绍了购买银行理财产品的防忽悠模式和理财购买小计划。

当选择储蓄或者购买银行理财产品时，风险、成本、家庭配置等都需要综合考虑，特别注意不建议将全部的结余用于储蓄，毕竟市场还有通货膨胀，将钱全部放在银行已经不是那么合适，组合投资才是王道。

对于工薪族来说，强制储蓄是必要的，每月从工资中定期转入一部分到储蓄账户是比较合适的理财方式，安全稳定，更是勤俭节约的重要体现。

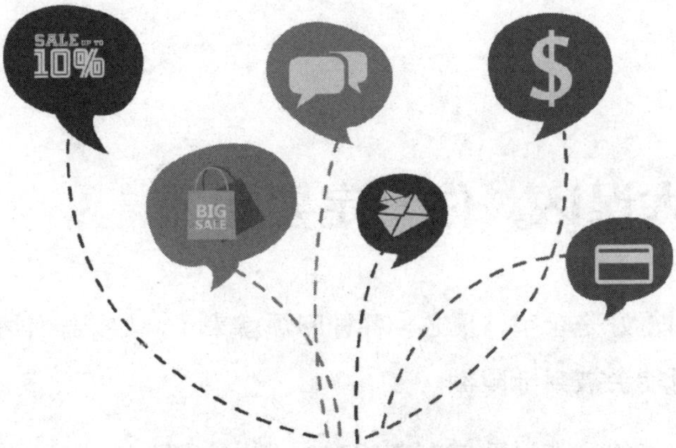

第5章

信用卡，你用对了吗

双十一，春节狂欢，买买买，刷刷刷，剁手族成负翁族，要想成为负翁那都不是事儿，只要你手里有几张卡，即使卡里没有存款也无妨。

年轻人消费的时代，是信用卡的时代，没有几个年轻人没有几张信用卡，很多商业大佬，出门消费也是人手一张信用卡。

可是在这个信用卡的时代，你真的会用信用卡吗？刷卡误区你知道吗？现有的额度适合你吗？信用卡的潜规则你碰过吗？信用卡免息贷款怎么用？信用卡积分怎么玩？多张信用卡怎么刷？怎么还款才最实惠？信用卡分期能不能用？

对于这些问题，本章将进行详细说明，仅供参考。

刷卡几大误区，你一定要知道

信用卡用得好是个宝，反之，各种麻烦就来了，如果一不小心掉入刷卡误区，信用卡可能会被封卡限额。

那么信用卡的刷卡误区都有哪些呢？简单介绍如下。

- **刷卡金额**：一般我们消费会出现零钱的情况，如 205.41 元。如果你的消费都是在 1000 元、2000 元、5000 元这样无零钱的情况，那么可能会被银行认为你存在套现的行为。此外，若连续性的大额刷卡，如连续两个月以上刷卡的额度超过信用卡的 90%，也可能被认为套现。
- **刷卡频率**：如果你在同一 POS 机长期反复刷卡，并且无零钱的情况，而且刷卡时间还不长，很容易被银行封卡。如果在同一账号经常大额刷卡进出，可能会影响提额。
- **刷卡时间**：一般大额的刷卡消费大部分在工作时间，在 8:00~22:00 以外的时间消费，可能会被银行认为非正常消费。
- **刷卡次数**：一般银行还是希望你正常的勤刷卡，当我们平时购物时，建议多用信用卡支付代替微信或者支付宝，从而增加刷卡次数。
- **以卡养卡**：一般建议不要将额度全部刷光，建议每张卡保留 30%左右的额度，不要全部刷卡，更要避免以卡养卡的恶性循环，但对于不同的信用卡，要记好还款日，及时还款。
- **提前还款**：提前还款一般存在于分期还款中，分期在一定程度上减轻了还款压力，但是还存在手续费。不过即使提前还款，手续费还是存在的，所以一般不建议提前还款。

- **刷卡后不积分：**当我们使用信用卡消费后，银行会适当给予一定的积分，这些积分可以用来换购等，我们日常吃喝玩乐消费购物后，都会有一定的积分的。
- **用信用卡购买网络虚拟物品：**如我们常见的用信用卡购买一些游戏装备、游戏币、游戏号等，这样容易被认为是在套现。
- **新卡刷爆：**对于我们新办理的信用卡，在收到卡后，不建议一次性刷完。在前3个月，还是要正常刷卡消费。

银行都喜欢稳定理性，具有良好消费习惯的持卡者。如果出现不理性的消费，银行可能给你降额，严重点可能出现封卡的情况。

因此合理地刷卡、勤刷卡、多元化的消费就很有必要，建立良好的消费记录，用上一些使用小技能，避免掉入刷卡坑。

理财小贴士

信用卡套现是指持卡人不是通过正常合法手续提取现金，而通过其他手段将卡中信用额度内的资金以现金的方式套取的一种行为。

信用卡额度，一定要适合自己

信用卡额度简单来说就是刷卡消费可用的最大金额，初次办理信用卡的额度一般不会很高。根据不同卡的级别，信用额度也是不同的，一般常见三大类，简单介绍如下。

- **普卡额度**：3000 至 10000 元。
- **金卡额度**：10000 至 50000 元。
- **白金卡额度**：50000 元以上。

如果都是信用卡小白，两人同时申请，办理下来的额度可能存在差异，因为信用卡的额度高低和持卡人的个人资质相关，最低可能为 0 元，最高可能为 100 万元。具体要以个人情况而定。

而且如果我们在同一家银行办理两张以上的信用卡，几张卡之间是共享额度的。同一家银行同一品牌的信用卡共享同一额度，虽然几张卡之间的额度不同，但是不能超过共享额度。简单举例如下。

章先生在某银行办理了两张信用卡，一张额度为 3000 元，一张额度为 10000 元。当他购物消费完第一张卡的额度 3000 元后，第二张卡的额度就为 7000 元。如果他最先刷的是 10000 元额度的卡，那么第一张卡的额度就无剩余了。一般申请同一银行同一品牌的信用卡的额度不能累加，只能共享。

一般来说，首次申请信用卡的额度在 3000~10000 元，只要保持良好的消费习惯，用卡超过一年，且信用记录良好，那么银行将会给你提高额度。

当然，如果你有特定的资金需求，在某一时段，可以给银行的客服致电，临时提高信用卡额度。那么，在信用卡的使用过程中有没有什么小技巧可以提高额度呢？

- **办卡银行很关键**：一般通过工资卡银行或者社保公积金代扣银行办理信用卡，办卡相对容易，而且额度也较高。
- **通过家庭办卡**：如果将购车或者购房证明提供给银行，一般可能获得银行的大额信用卡，因为你的经济能力、消费能力、还款能力都较强。

- **通过存款办卡**：如果你在某银行有定额存款，并且在该行的流水也多，那么就可以在该行办理到较高额度的信用卡。
- **通过小卡办大卡**：当小白们申请了一个初次信用卡后，通过常用的一些办法养卡，提升个人额度，然后再去办理其他银行的信用卡，总的额度也会增加。
- **刷卡次数**：一般信用卡用于日常的消费，次数越多越好，如每月 15 次以上，并且获得银行的消费积分，但要记住不要出现套现的情况，如办卡后经常不用，突然消费一次就高达额度的 80%。
- **提前还款**：一旦每月的信用卡额度刷完，就进行还款，即使还没到还款日，再打电话到客户中心申请提额。
- **账单分期**：信用卡分期一般建议 3 期以上，并且金额大于 5000 元，提前一期全额还款。

当然，以上几点只是小建议，仅供参考，具体还要以银行的规则为准，一般如果个人每月消费在 30%以下，银行可能会给你降额提醒，要想提高额度，个人信用记录很重要。

信用卡额度不是越高越好，还要和个人的实际消费以及经济实力相匹配。如果额度过高，又容易冲动消费，那么可能会引起爆卡的情况，这对个人的信用记录是不好的，影响以后的购车购房等。所以，额度合适最重要。

信用卡“潜规则”，了解一下

你有没有遇到信用卡申请后，最后被拒绝的经历，那么信用卡审批都有哪些“潜规则”呢？这些小规则没有明文规定，是约定俗成的，仅供参考。

- **银行内部标准**：个人近 3 个月内的征信报告，有信用卡审批达 4 次以上极可能被拒。
- **个人负债**：如果个人连续负债 3 个月超 50%，容易被拒绝。特别是有几张信用卡的，一定要控制个人消费以及个人的负债率，负债过高被拒的可能性很大。
- **你是否被列入银行的黑名单**：一般各大银行之间都存在一个通用的黑名单，如果你出现在该黑名单里，网上申请很快就会被拒绝，线下的话可能会酌情审批，但被拒卡的可能性较大。
- **征信白户容易被拒**：对于首次申请信用卡，容易被拒绝，因为你是征信白户，银行无对比参考信息，会从申请表和流水上着手。
- **经常逾期容易被拒**：一份完美的征信报告是很有必要的，合理使用信用卡，尽量不逾期或者少逾期，每个月消费后要及时还款。
- **网上申请开卡**：如果在网上申请，不能看见银行有活动就申请。如果几大行的信用卡都申请了，也不容易通过。而对于那些资质较好的个人，一般建议线下申请，额度容易提高，而且办卡也容易通过。
- **借助第三方**：现在很多地方都会参考一些第三方数据，如支付宝的芝麻积分，如果积分过低可能也不容易通过。
- **集中流水**：一般申请信用卡时，是需要参考个人流水的，如果你卡较多，流水分散，不容易满足银行要求，建议可以将流水集中到一张卡上，这样在流水集中的银行办理信用卡，就比较容易通过。

除了以上银行在审批中的一些潜规则。在使用时，我们也要注意其他的“潜规则”，简单介绍如下。

- **全额罚息收费高**：一般信用卡的利息实行日单利、月复利，所以按时还款很重要。即使你只有 1 元钱忘记还，银行可能会按照 1 万元罚金实行，所以还款日到了一定要注意还款。

- **不设置密码**：银行会对签名消费类进行一定的失卡保障，而密码消费、网络消费、转账等不在保障范围内，所以为了避免盗刷，信用卡还是应该设置相应的密码。
- **免息不等于免费**：对于一些银行推出的分期免息的福利，我们要注意，免息不等于免费，银行还是要收取一定的手续费。而且分期的话，实行分期贷款后，最终还款可能利息较高。
- **信用卡休眠仍有费用**：即使某一张信用卡长期不用，银行还是会收取一定的费用的，除非销户或销卡。
- **临时提额有利息**：当我们在某段时期，对于资金的需求增大时，可能会希望银行提额，一般提额会有一个过程，此时我们可以考虑临时提额的方式，但是要注意，临时提额还款并不会免息。

因此，虽然信用卡比较方便，但还是不建议申请太多，对于一些不常用的信用卡建议注销，一般两三张比较适合。而对于剁手族来说，不建议申请超过两张以上的信用卡，不然一旦成为卡奴就很麻烦了。

免息贷款，难以抵御的诱惑

信用卡除了消费，我们知道，还可以用来免息贷款。那么免息贷款是怎样的呢？该如何正确操作呢？

如图 5-1 所示，詹先生在某平台看到一款比较适合自己的代步车，选择信用卡贷款 5 万元，分 36 期归还，并且贷款期间是免息的。而他只需要支付首付约 3.59 万元，在某种程度上缓解了购车给家庭带来的资金压力。

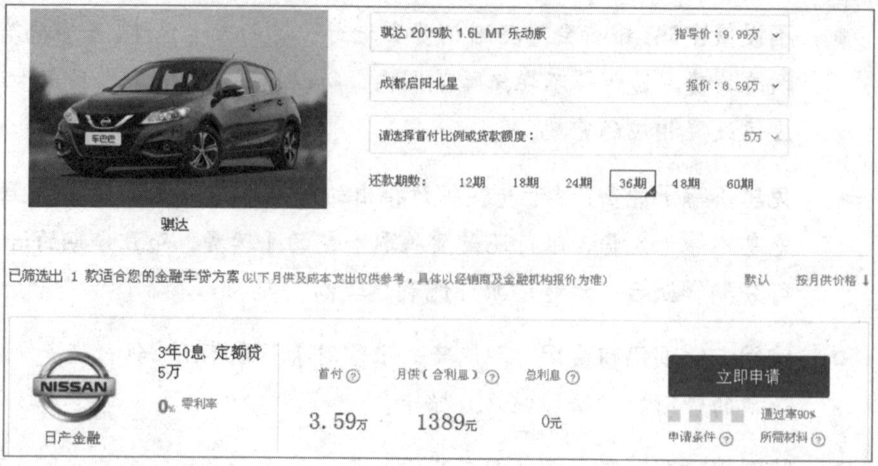

图 5-1　免息贷款

对于如图的分期免息，我们要注意如下几点。

- **分期和免息标配**：信用卡免息贷款和分期是搭配使用的，而通过信用卡分期的商品很多，只要个人的消费金额达到了规定的最低消费限额，如图 5-2 和 5-3 所示，就可使用信用卡分期购买商品。

图 5-2　选择商品

图 5-3　确认订单

- **免息不等于无手续费**：信用卡分期的手续费一般采用的是分摊本金的方法还款，如某商品消费总额为 5000 元，分 12 期，免利息，但是手续费率为 6%，那么就需要支付相应的手续费 300 元，一般消费越高，支付的手续费也越高。

现在购物的平台很多，分期的产品也很多，除了信用卡分期，还存在花呗分期和京东白条分期，三者各有优劣，应选择最适合自己的还款方式，同一产品，可多家对比。

不同的银行支持的分期期数是不一样的，相应的手续费也是不一样的。最低在 3~12 期，但也有可能从 6 期开始，甚至有的银行可分期 24 期。因此在选择信用卡分期时，还需要考虑自己的办卡银行对分期的支持，某消费商品具体可以分几期，手续费率是多少等。

信用卡里的积分，怎么玩

当我们线上网购时，不管是唯品会、京东、天猫，还是淘宝等，只要我们消费就会有积分，甚至第三方平台如支付宝也会有积分。当然我们在线下消费时，同样存在积分的情况，如家乐福、沃尔玛、红旗连锁等一些连锁超市在办理会员卡后，可以实现会员卡积分。

不少商场为了促进消费以及回馈老顾客，到了年底都会推出积分兑换活动。因此，只要消费就能有积分。当我们通过信用卡消费购物后也能获得相应的积分，那么信用卡的积分是怎么来的呢？信用卡的积分一般可以分为两大类，赚积分和花积分，简单介绍如图 5-4 所示。

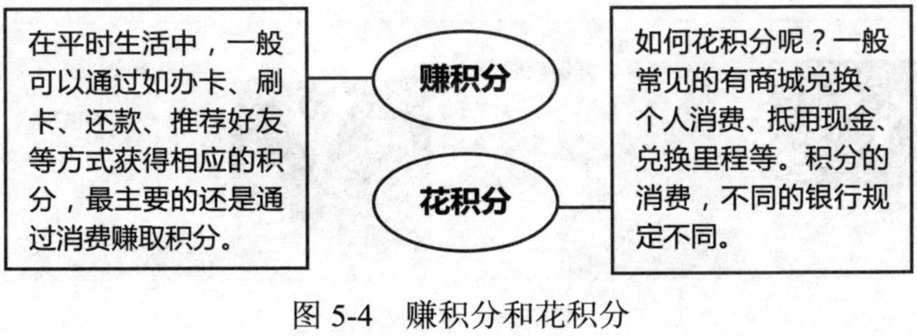

图 5-4　赚积分和花积分

对于积分的使用一般采用取现和积分合并的方式，简单介绍如下。

如广发银行、兴业银行、光大银行、中国银行等，对于信用卡积分的规定主要从取现和积分合并进行说明，如图 5-5 所示，我们可以看到对房产、汽车、批发、医院、学校等的消费一般不存在积分的情况。

信用卡积分规则

银行	取现	积分合并
广发银行	房产、汽车、批发、医院、学校、网上交易等消费不积分	同一持卡人名下多张信用卡积分可合并；主卡及附属卡积分可合并
兴业银行	房产、汽车、批发、医院、学校等消费不积分	同一持卡人名下的多张信用卡积分可合并
光大银行	房产、汽车、批发、医院、学校等交易不积分	同一持卡人名下的多张信用卡积分可合并
中国银行	购车每100元积8分，购房每100元积6分	同一持卡人名下中银系列、长城国际卡积分，同系列可合并使用；主持与附属卡的分数合并在主卡帐户中使用

图 5-5　积分规则

同一银行不同类别的信用卡对积分的使用还是存在一定的区别的，以我们常见的交行为例，如交通银行爱奇艺银联轻奢金卡，5 积分就可以兑换爱奇艺 VIP 会员，并且每周五的超市和加油享有 5%的优惠，而且首年免年费。

而对于交通银行推出的优逸白金信用卡，则可以用积分来兑换一些 VIP 服务，如交行在 2018.10.1~2019.2.28 推出的境外红，对于交行白金以及优逸白金客户，境外线下单月满 5 笔，每笔满 500。达标后，境外线下消费最高日是 20 倍积分，其他消费 10 倍积分。其中优逸白、东航白、国航白每月最高 10 万元，白麒麟最高 20 万元。如图 5-6 所示为交行推出的信用卡。

图 5-6　积分对比

当然不同银行，对于积分的使用，还是存在区别的，如中信银行的女神卡，9 积分就可以兑换星巴克咖啡、哈根达斯等；而且消费也具有一定的优惠，如 9 元购买电影票的，而且每次还可以购买两张。如图 5-7 所示。

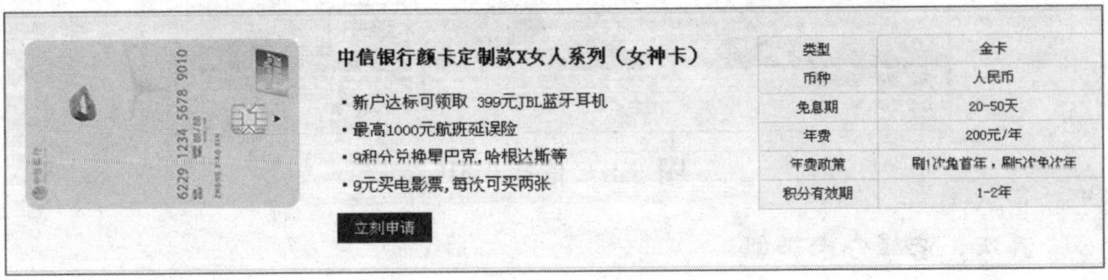

图 5-7　中信银行积分兑换

不管你办理的是哪一家的信用卡，总的来说，积分可以用来兑换里程、个别年费、SPG 积分等。

兑换的产品也多以一些刚需品为主，如话费、京东卡、咖啡等；且对于有些积分活动是存在时间限制的，它具有固定的消费期限，要求参与者凑足足够积分，当积分达标后，才可以参加当次的积分兑换活动。

网上申请信用卡，怎么做

对于信用卡的申请，我们知道除了在银行网点申请和银行客服人员上门服务以外，一般还可以进行网上申请，那么网上申请该怎么做呢？简单介绍如下。

首先，登录银行官网

登录交通银行官网的首页，在个人业务下，选择信用卡，单击“信用卡申请”超链接，进入信用卡申请页面，如图 5-8 所示。

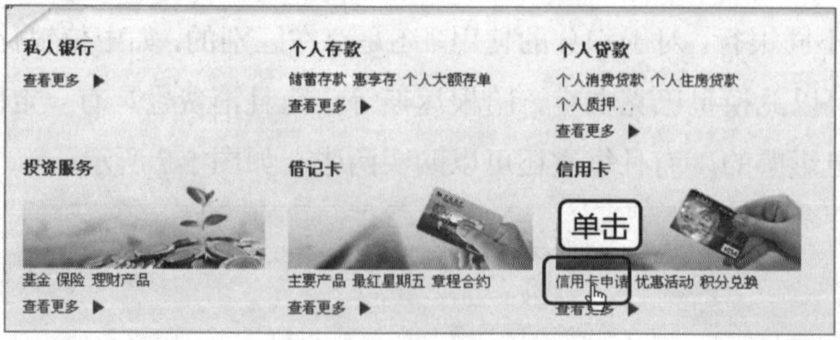

图 5-8　信用卡申请

其次，选择办卡类型

在打开的页面中单击“持卡客户办卡或附属卡办卡快速通道”超链接，如图 5-9 所示。

图 5-9　选择办卡方式

然后，选择具体卡类

一般银行会推出多种银行卡，如人气推荐、标准卡、商旅类、超市类等，选择最适合也最需要的类别即可。单击“立即申请”按钮进入下一步操作，具体如图 5-10 所示。

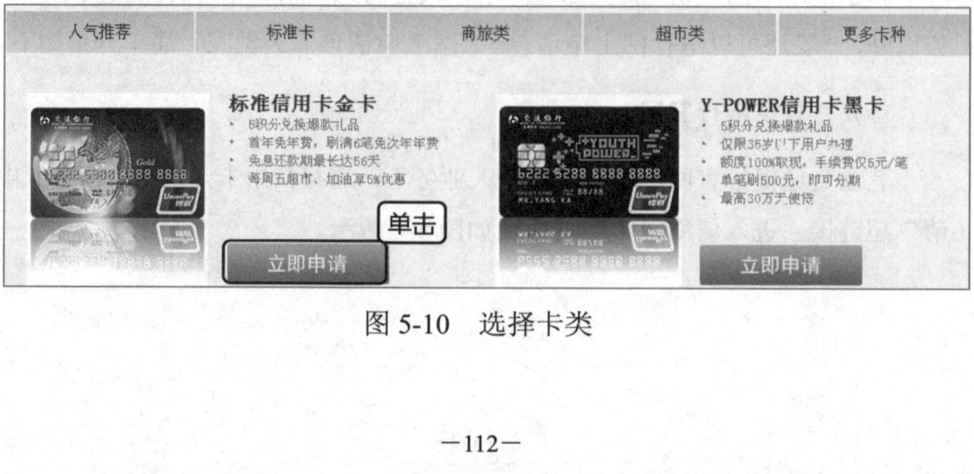

图 5-10　选择卡类

接下来我们就需要对详细信息进行填写，如主卡人姓名、主卡卡号、主卡人证件类型、主卡人证件号码等，填写完成以后，单击“确认以上信息”按钮，如图 5-11 所示。

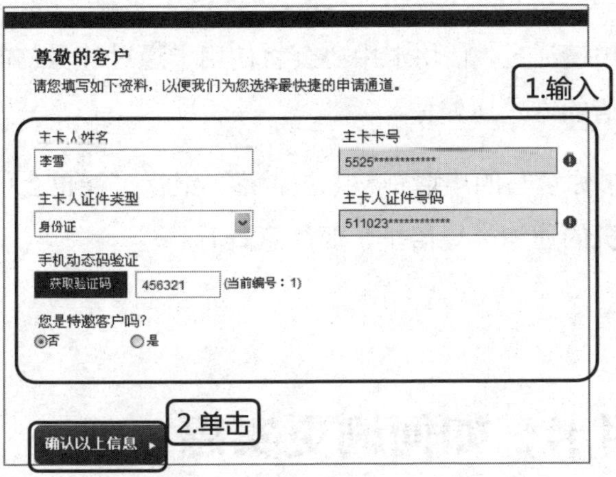

图 5-11　填写信息

在紧接着的页面，我们还需要对相关信息进行确认，确认完成后，单击“确认以上信息”按钮，如图 5-12 所示，然后进入审批页面，后面步骤相对简单，在这里我们不做详细描述。

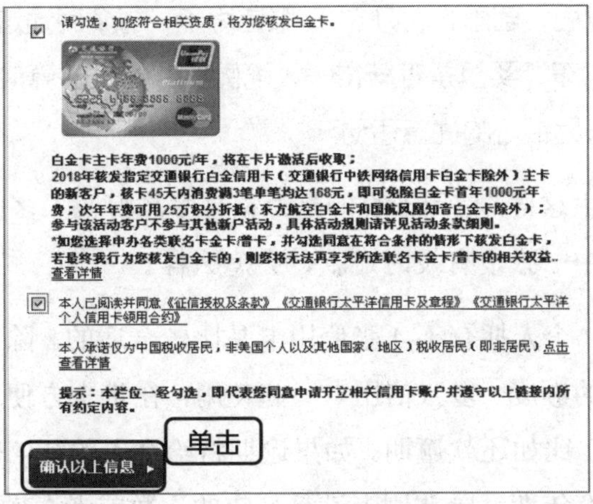

图 5-12　进入审批页面

最后，申请完成

一般交通银行信用卡中心收到申请人完整填写的申请资料和齐全的办卡所需证明文件后 7~10 个工作日内，银行会完成审批。

如果你的申请通过，信用卡中心会将信用卡通过挂号信的方式邮寄，并且银行会通过短信的方式通知你。

当然，如果你填写的申请资料未被批准，银行可能也会以短信的方式告诉你，一般在手机的通知类短信里，要注意查看。

多张信用卡，如何刷更实惠

现在很多银行，为了增大发卡量，会通过送礼品、送红包或者送优惠券的方式吸引用户办卡。甚至我们看到一些银行的办卡人员还会上门服务。所以造成了现在有些人的手里，不同银行的信用卡很多。

张先生毕业以后，前前后后办了 5 张信用卡，每个月通过不同的信用卡外出就餐、看电影、停车、买机票等获得一大笔优惠，他还打算最近再多办理几张信用卡，从而一网打尽银行的优惠活动。

如上例张先生这样，信用卡真的是办得越多越好吗？多张信用卡怎么刷才最合适？如果其中一张没有及时还款，会怎么样？

一般情况下，个人拥有 1~4 张信用卡是比较合适的。除了张数，个人还应该关注适合自己的额度，多张信用卡一起使用，在带来方便优惠的同时，还将带来一定的风险，比如还款逾期。如果逾期将给个人的征信带来一定影响，而且信用卡一般都有年费，除非刷卡满足一定的次数或者金额才能免年费。

当我们使用多张卡消费时，一定要注意持卡量不能过多，额度不能过高，更不要几张卡违规套现。一旦银行发现，将会被降额封卡，严重的可能面临承担法律责任。

对于多张信用卡的情况，一般可以参与不同银行推出的不同的优惠活动，如里程优惠、赚取积分、全球消费等。多张信用卡要想刷得优惠，账单日刷卡是最划算的，可以享受超长免息期。一般信用卡的还款日都在20~25天，而在账单日消费后可享受最长50天的免息期。

多张信用卡，如何刷出小技巧，简单介绍如下。

- 刷好联名卡

如果你手里有联名卡，那么每当你去联名卡商家消费时，刷联名卡就比较合适，它不仅是信用卡还是联名商家的会员卡，如果购物可享受商家的折扣优惠和发卡银行的积分。当然也不能因为有了联名卡就去盲目消费，消费要适当，不能冲动消费。

- 查询特惠商户

现在大多数的信用卡都具有特惠商户，有的信用卡特惠商户还比较多，所以你可以查询自己手里的多张信用卡中的那些特惠商户。家庭预算中的一些必要支出，可以通过特惠商户购买的，可以持这几张信用卡去刷，如在一些特惠商户购买相关书籍等。

当然如果无法辨别手里的信用卡是否具有特惠商户，在消费付款时，可看收银台周围是否有“××银行特惠商户”的标志。

- 选出几张信用卡中最优惠的

信用卡的优惠常常体现在价格和积分上，因此，我们可以经常通过手机或者电脑端查询银行的优惠活动，当有家庭必要的物品需要采购时，可以通过选择所有信用卡中活动最优惠的信用卡去消费。

当然还是要提醒大家，一定不要盲目消费，特别是在一些节假日，银行会推出一些优惠活动，如常见的消费满多少钱送多少礼的活动，就像京东凑单，不要为了参加活动而购买一些家庭实际不需要的东西，给家庭增加负债。

- 注意小额消费的积分

一般对于一些小额的消费，一些银行推出的信用卡是不怎么积分或者积分不多的，此时可对比选择多张信用卡中小额消费也能积分的。

- 选择日常缴费可积分的信用卡

对于日常的如电话费、水电煤气费等，可选择支持缴费的信用卡并且能有一定的积分。

当然，个人或家庭在消费时要注意，在手里的信用卡价格优惠或者积分优惠都差不多的前提下，如果资金紧张，那么建议可考虑刷几张中过了账单日不久的那张信用卡。当然如果你看重的是信用卡的服务，可考虑刷那张服务较好的信用卡。当然，每个家庭需求和消费都是不一样的，所以一切还是要从家庭的实际需求出发，做到合理消费。

信用卡还款有学问，你读懂了吗

对于信用卡还款首先我们应该知道几个关键词，账单日、还款日、最长免息期。

- 账单日一般是指发卡银行每月会定期对你的信用卡账户当期发生的各项交易费用进行汇总结算，并计算相应的利息，统计完成后将给你发送相应的对账单，此日期即为你信用卡的账单日。
- 还款日相对简单就是每个月你所欠的款项需要归还的日子。

- 最长免息期一般指的是银行对信用卡消费类交易从银行记账日至到期还款日之间的期限。

不同银行对于账单日、还款日可能存在一定的差别，如表 5-1 所示。

表 5-1　不同银行的账单日、还款日对比

项目	账单日	还款日
中国银行	7~27日，不同的币种具有一定的差别	账单日后 20 天
交通银行	系统随机生成	账单日起 25 天
工商银行	大部分为月底，但不同的币种账单日存在差异	一般固定为每月 25 号
建设银行	可选每月的7日、12日、17日、19日、22日、27日	账单日后 20 天
农业银行	一般常见固定为每月的10日、17日、20日、27日	账单日后 25 天
广发银行	持卡人的生日日期	账单日后 20~26 天
民生银行	可选每月的1日、3日、6日、9日、13日、16日、21日、26日、28日	账单日后 20 天
平安银行	可选每月的3日、5日、7日、10日、13日、15日、17日、20日、22日、25日	账单日后 18 天
招商银行	可选每月的5日、7日、10日、12日、15日、17日、22日、25日	账单日后 18 天
华夏银行	可选每月的3日、15日、25日、28日	账单日后 25 天

如上表所示的不同银行的账单日和还款日，都是不相同的。即使是同一家银行，不同信用卡币种，账单日也是存在差别的。而且每年的账单日和还款日可能存在一定的变化，具体以银行的公布为准。

当我们使用信用卡还款时，常常会遇到一些问题，简单举例如下。

李先生在某行办理了一张信用卡，银行规定此卡的账单日为每月的 3 日，还款日为账单日后 20 天。在上个月他进行了一笔消费，那么在这个月的还款中，他可能遇到如下的问题。

- **正常还款**：如果他是正常的刷卡消费，那么他只需要按照正常的流程在最后的还款日还款即可。
- **账单日后消费**：如果他在 3 月 4 日消费，那么这笔钱将会在 4 月 3 日，出现在账单上，那么在 4 月 23 日，他就需要偿还该笔欠款。
- **账单日提现**：如果在 4 月 3 日，他用此卡进行了提现，同样是消费 2000 元，那么最后的还款可能需要计算相关利息，一般是万分之五的利息，而利息计算时间就是中间的间隔时间。
- **还款后降额**：如果他在还款日进行还款后，发现此张信用卡的额度降低了，如原有总额度为 10000 元，还款后发现总额度为 5000。出现该种情况，可能是他的这笔消费是分期商品，还有可能是在自己的账单日后进行了消费，所以此时的可用额度不是总额度，只是未还款前可用的额度，类似于蚂蚁花呗未还款时剩余的额度。

信用卡还款时除了如上的账单日和还款日，我们还需要关注最长免息期，如吴小姐在某行办理的信用卡，如果她在 1 月 3 日账单日后刷卡消费，则这笔消费记录就会顺延到下个账单日体现到 2 月 3 日的账单中，到期还款日则是在 2 月 19 日，等于享受了长达 50 天左右的免息期。

此外我们还要注意，银行对于信用卡的还款是有一定的规定的，如在到期还款日之前，持卡人还未全额还款或者还未偿还最低还款额，那么银行将会收取一定的利息，信用卡计息方式为复利计算法。如果连最低还款也没有还，银行就会上报到人民银行征信系统，从而影响个人征信。

看懂分期付款的利与弊

当在节假日大额消费后，到了还款日将会面临巨大的压力，所以与花呗分期一样，信用卡消费也可以实现分期。那么，到底信用卡分期好不好呢？下面简单以案例的形式说明如下。

李先生打算今年五一的时候和相恋多年的女友结婚，即将赢取自己心爱的姑娘，李先生很幸福但也很担忧，虽然婚房已经准备好了，但是装修需要一大笔费用，而他刚工作 5 年，付了首付根本没有多余的钱来装修。

在他愁眉不展的时候，某次用信用卡为女友购买礼物时发现，银行最新通知，有了家装分期业务。客服人员告诉他，银行信用卡家装分期可提供 6/12/24/36 几种分期期数，其中，年手续费率均为 9.85%。只要持卡人在银行任意网点提出家装分期业务的申请，并提供相应的材料。银行在收到申请后会进行审核，审核通过后会授予一个家装分期专享额度，额度在 5 万~50 万元之内；分期后，采用等额还款的方式。申请成功会把钱打到相应的信用卡里，并通知个人刷卡交易，带上个人信用卡到银行的联名商户，完成分期付款交易。

如上例李先生的家装分期付款，在一定程度上解决了资金紧张的问题，而且没有利息，还款时间相对较长可选择 3 年还清，但是有一个问题，这种分期付款，会不会因此支付更多的金额呢？

如果李先生申请的最终额度是 10 万元，分 36 期归还，那么他每期需要归还的金额根据相应的计算公式为 100000/36+100000×9.85%/36=3051.39 元，如果手续费一次性收取，他需要支付 9850 元。

由此可知，虽然李先生，通过免息分期解决了他装修的问题，但总的来说，他需要支付一定的手续费，3 年需要支付 9850 元的手续费，此手续费也不低。

而如果根据 3 年期的商业贷款计算，3 年需要支付贷款利息 4750 元，远远低于信用卡贷款的手续费率。因此，通过信用卡分期贷款的手续费相对较高，所以贷款时需慎重而行。

当然，存在即合理，信用卡分期肯定是具有其好处的，简单介绍如下。

- **申请门槛低**：一般个人申请信用卡分期，只需要持卡人具备良好的信用记录即可。
- **缓解压力**：信用卡的本质是提前消费，如果在消费时能同时实现分期偿还，将给持卡人减轻一定的资金压力。
- **还款方便**：持卡人在消费后，只需要按时的向信用卡存入每月需要偿还的金额，一般可开通短信提醒或者绑定储蓄卡自动还款。
- **费用较低**：持卡人购物分期的付款费用将低于账单分期的费用。
- **帮助提额**：当持卡人实现分期付款后，需要向银行缴纳一定的手续费，只要在还款日按时还款，将有助于持卡人用卡额度的提升。

任何事物都存在好坏两面，信用卡分期亦如此，那么信用卡分期有哪些弊端呢？信用卡分期的弊端主要体现在分期的手续费上，如某行针对不同的分期，实行不同的手续费率，当分期期数为 6 期、12 期、24 期时，对应的每期手续费费率分别为 0.75%、0.66%、0.68%。如果分期的金额较大，那么手续费也将越高，将大大增加还款人的还款压力。

当我们使用信用卡时，除了合理消费，还应关注一些最新变化，在新年刚开始，各大商业银行对于信用卡市场的规定也做了相应的调整，该如何去理解这些新规呢？简单介绍如下。

- **免息期**：以前对于信用卡的免息期是具有一定的时间限制的，如20~60天。在新规下，免息期是根据持卡人本人的自身情况及信用情况来确定的，实行免息期个人定制化。
- **最低还款额**：在新规出来之前，最低的还款额是账单额的10%，现在最低还款额是根据个人的信用等级来确定的。
- **滞纳金**：新规后，实行违约金来取代以前的滞纳金，滞纳金相对来说体现一种法律性，而违约金则说明是可以协商的。新规前，逾期后所产生的费用将计入利息，新规后，银行收取的违约金、年费、取现手续费、货币兑换费等服务费用不计算相应利息。
- **超额透支利率**：当持卡人爆卡以后，利息是以每日万分之五计算。而新规则对于透支利率实行上下限的浮动管理，透支利率上限为日利率万分之五，下限为日利率万分之五的0.7倍。而很多商业银行可能都将实行利率0.035%~0.05%。
- **ATM取现限额**：信用卡对于新规在取现方面，以前信用卡对于现金的提取最高额度2000元，新规的取现最高额度达到了1万元。

总的来说，新规的调整还是为了进一步满足持卡人的用卡需求。

理财小贴士

联名卡是发卡银行与以盈利为目的的机构联手发行的一种银行卡。具有普通信用卡透支、免息分期等常见功能，此外还可以用于在联名商户享受和会员卡类似的优惠。

本章小结

“先刷卡后消费”，对于年轻人来说，是常见的一种生活方式，如常见的蚂蚁花呗或信用卡，但是一定要注意避免无限消费，因为这是一种不健康的消费方式，我们更应该保持勤俭节约的美德。

如何才能避免掉入刷卡误区？多高的信用卡额度才适合你？信用卡里的“潜规则”你知道多少？免息贷款好不好？信用卡积分你用对了吗？多张信用卡怎么刷才划算？信用卡还款学问在哪里？信用卡分期付款利与弊在哪里？

对于如上问题的解决即是本章存在的目的，我们常用的东西不一定会用，特别是信用卡，一旦用不好就将给家庭或者个人增加一大笔负债，在影响个人生活的同时也将影响个人理财目标的实现。

个人的消费应该是个人增值以及生活品位的体现，很简单也很难，在发扬中华民族勤俭节约传统美德的同时，如何保持理性、有计划、有规律、有目标地去消费是我们随时需要自省的问题。

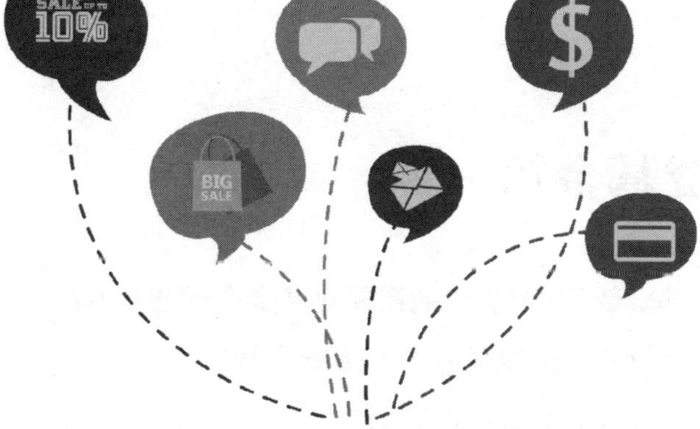

第 6 章

投“基”莫投机，工薪族重点学这些

投基和投机听起来差不多，但背后所代表的意义却差多了。投基一般指的是对于基金的购买，而投机，更多出现在证券市场，是个人高卖低买博取差价的一种交易行为。对于工薪族来说，显然投基才是目标，投基莫投机才好，那么对于投基该如何去做呢？

作为一名投基新手，第一步该如何做？基金是亏本还是盈利怎么看？基金定投怎么买？保本基金保多少？分红基金分多少？

所有的这些问题，都将在本章找到答案。

新手投资基金第一课

作为一位基金新手，首先我们需要对基金有一些基本的了解，如基金术语、基金分类、基金形式、基金风险和基金账户等。

首先，基金术语常了解

不管是哪一类基金，对于如下术语的理解，将帮助我们更好地去分析是否值得购买该基金，简单介绍如表 6-1 所示。

表 6-1　常见的基金术语

项目	明细
基金定义	为了某种目的而设立的具有一定数量的资金
基金分红	基金公司赚取收益后，将收益的一部分以现金的方式派发给基金投资人
基金费用	基金的费用一般包括认购、申购、赎回、管理、托管的费用
基金经理	每种基金均由一个经理或一组经理去负责决定该基金的组合和投资策略，这类经理就是基金经理
基金规模	一般包括份额规模和资产规模，基金份额规模是该基金目前发行在外的总份额数量，基金资产规模是基金份额规模乘以当前的最新净值
基金交易	基金交易是以基金为买卖对象，自我承担风险收益的交易活动
基金净值	每份基金单位的净资产价值
基金价格	基金发行时由基金发行人所确定的向基金投资人销售基金单位的价格
基金收益率	基金证券投资实际收益与投资成本的比率
基金开放日	基金合约中规定投资者可以办理基金交易业务的日期

其次，基金分类要清楚

基金根据不同的标准，可以划分为不同的种类，具体如下所示。

- **投资对象**：根据投资对象的不同可分为股票基金、债券基金、货币市场基金、期货基金等。
- **投资风险与收益**：根据投资风险与收益的不同，可分为成长型基金、收入型基金、平衡型基金。
- **组织形态**：根据组织形态的不同，可分为公司型基金和契约型基金，我国的证券投资基金均为契约型基金。
- **基金单位**：根据基金单位是否可增加或赎回，可分为开放式基金和封闭式基金。

对于基金除了从分类上去理解，我们还可以从基金的形式去理解，一般常见的基金形式如下所示。

- **开放式基金**：基金规模可随时根据市场供求情况来发行新份额或被投资人赎回的一类投资基金。
- **封闭式基金**：基金规模在发行前已确定、在发行完毕后的规定期限内固定不变并在证券市场上可交易的一类投资基金。
- **契约型基金**：银行和企业共同组建一家基金管理公司后，公司作为委托人通过与受托人签订相应契约，募集社会闲散资金的一类基金。
- **保险基金**：为了补偿意外伤害造成的经济损失，或因人身伤亡、丧失工作能力等引起的经济需要而建立的专用基金。
- **信托基金**：以信托的方式管理运作的基金。
- **股票基金**：是以股票为投资对象的投资基金。
- **货币市场基金**：是指投资于货币市场上短期有价证券的一类基金。

- **债券型基金**：是以债券为主要投资标的的一类基金

除此外还有对冲基金、平衡型基金、认股权证基金、QDII 基金、期货基金、海外基金等，由于较复杂，而且收益与风险都较高，在这里我们不做详细讲解。

然后，基金风险早知道

任何的投资都会有风险，基金投资也如此。当认购相应的基金后，一般要求投资者风险自担，那么基金的投资风险都有哪些呢？

- **投资风险**：主要看基金用于投资的具体项目风险，如投资股票相对风险较高，而投资业绩稳定的债券，风险较低。当投资者投资时，注意认真阅读基金招募说明书，特别是对基金的性质、资金流向、投资目标等有个详细了解，从而做出相应地判断。
- **流动风险**：主要指投资人因为购买了该基金，在卖出时变现较难，并且存在变现没有在最好的时机的风险。
- **机构管理风险**：由于一只基金的运作涉及不同的机构和人员，如托管人、基金管理人、会计事务所等，而这些机构和人员都可能带来一定的风险。
- **市场风险**：证券市场价格会受到政治、经济等变化的影响，而证券市场的变化将对基金的收益和价格带来影响。

除了如上的风险，一般不同的基金都可能存在不同的风险，如开放式和封闭式基金会在申购、赎回、到期上存在一定的风险，而货币基金的风险类似于储蓄，极低，基本上不会亏损本金。

最后，基金账户早知道

对于基金账户的开立，一般分线下和线上两种，具体如下。

当我们选择在线下开立时，可以携带相应的资料如银行卡及身份证到银行的网点柜台填写相应的基金业务申请表，填写完毕后领取业务回执和基金交易卡。一般在办理该申请业务后的三天内，到柜台去领取相应的业务确认书，当拥有确认书后，个人或家庭就可以从事基金的申购或者赎回了。

一般建议可开设银行或证券公司的基金交易专用账户，在投资者进行基金申购时，银行或证券公司会自动向基金公司申请相应的基金。

而与线下相对应的就是线上开户，线上井户需要注意其安全性，选择一家安全的平台就很重要。开户操作相对简单，一般只需要通过“填写个人信息—关联银行卡—开户成功”3 个步骤即可完成，如图 6-1 所示。

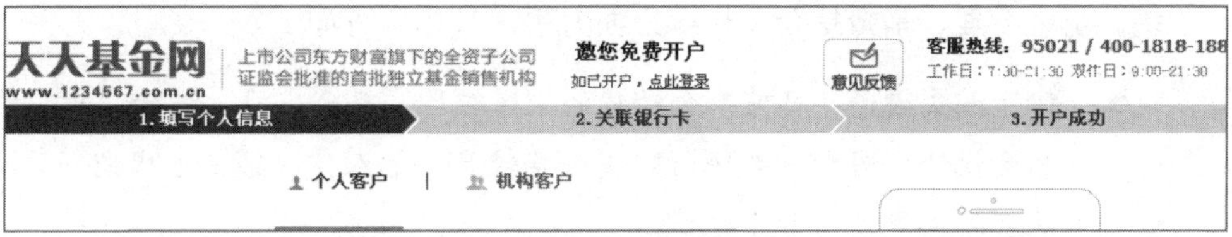

图 6-1 基金网上开户

在网上开户时，我们要注意登录开户网址的安全行，以及银行卡信息的保护，最后个人的手机号要与银行预留的信息一致，便于接收验证码和提醒短信。

理财小贴士

基金累计净值是单位净值与基金成立以来累计分红派息之和,体现了基金从成立以来所取得的累计收益，能直观全面地反映基金在运作期间的表现，体现其真实的业绩。

怎样判断基金的赚钱能力

新手如何买基金赚钱?怎么判断一只基金有没有赚钱能力呢？首先，让我们来看一个例子。

李先生去年刚毕业，在一家私营企业做人事，工资约 4000 元，他平时消费习惯用信用卡。去年听了同学的建议，将每月到账的工资都用来购买某基金，日常支出都用信用卡，而等到信用卡还款日的前几天，他就把基金赎回来还款。相对来说，购买的该基金的收益高于活期储蓄，这样坚持了半年后，还看见了一点收益。而最近同学又给他打电话，说又推出了一款基金，功能与现在他拥有的基金类似，但是收益率比现在的基金收益更高，问他是否考虑，而他有点动心。

对于如李先生这种工薪族来说，购买基金一般可以从基金公司、基金过往业绩、基金经理、基金持仓结构等方面着手，具体内容如下。

- **确定购买渠道**：目前基金销售的渠道较多，基金公司，银行，第三方基金代销公司。一般银行购买费率较高，个人建议第三方代销网站，基金品种更多，费率也低。
- **基金公司**：基金主要还是通过基金公司来运作的，而基金公司的实力、旗下基金状况、投资管理水平、客户服务水平等都是考虑一家基金公司好坏的标准之一，而基金公司的好坏与基金的收益、风险息息相关。
- **基金类型**：在基金市场中，基金种类繁多，所以从自己的风险承受能力和理财目标出发，进而确定要投资的基金类型。当基金类型确定后，再在该类型下选择合适的基金明细产品。
- **基金过往业绩**：对于工薪族来说，每个月都会有绩效考核，而到季度末或者年底，通过过往的绩效表现可评判为是否是优秀员工。那么对于基金同样如此，通过基金的过往业绩，可以为接下来是否购买提供相应的评判参考，过往业绩可从回报率、风险、波动性等去观察。
- **基金经理**：在基金运作中，除了基金公司，基金经理的作用也不容忽视，基金经理可以决定买卖品种、时间等投资权利。虽然基金的过往业绩起着举足轻重的作用，但基金经理自身业务水平、投资理念、投资技巧、投资态度、投资风险等对于基金的运作也具有深远的影响。而基金经理的好坏一般可以从以前管理的业绩表现、从业经验、职业操守、教育背景等多方面去考虑。

- **基金的持仓结构：**基金持仓简单说就是这只基金的投资组合，以及各个品种所占的投资比例，通过基金的持仓结构，可以看出基金的投资走向，如投资股票是大盘还是小盘，通过仓位的轻重、持股比例、资金周转率等看基金的投资风格及表现。

除此之外，作为基金投资新手，还要看基金的投资目标、投资对象、投资风险等是否与个人的理财目标相适合。没有最好，选择适合自己的基金最重要。选好基金加上一定的投资策略，组成基金投资的小攻略。

揭开基金定投的神秘面纱

张先生：你买基金吗？

李先生：买，每个月定投500元！

如李先生这种，每个月定投的基金就属于定投基金，基金定投简单说是定期定额投资基金的简称，指在固定的时间以固定的金额投资到指定的开放式基金中的行为，与银行的零存整取方式类似。

对于定投基金我们同样可以从适合人群、办理方式、最低扣款、投资原则、投资误区、投资风险、投资方式、投资标准等方面去理解。

- **适合人群：**适合低风险投资，一般的工薪族，且在某一时段具有资金需求的人。

- **办理方式**：在拥有基金账户后，只需在日常基金交易时间携带有效证件、银行卡到指定代销机构网点签订定期扣款协议，约定每月扣款时间和扣款金额。
- **最低扣款**：不同的银行对定投最低金额的限制不同，如邮政定投每月最低申购金额为 100 元；工行定投每月最低申购金额为 200 元；招行每月最低申购金额为 300 元。当然银行可能会对金额有所调整，具体应以银行网点或官网的公布为准。
- **投资原则**：基金定投原则一般从目标设定、市场选择、投资期限、持续时间和解约时机等方面去体现。
- **投资误区**：一定要注意不是任意基金都适合定投；定投并非要月月定投，可选择周、双月、季度等；定投金额不能随意变更；赎回后定投协议还未终止；定投基金可一次性全部或者部分赎回，还可转换。
- **投资风险**：由于基金定投本身是一种基金投资方式，因此不可避免在基金运作过程中可能面临各种风险，如流动性风险、市场风险、基金公司及基金经理操作风险等。
- **投资方式**：基金定投的方式包括定投协议和手动操作来完成。
- **投资标准**：一般选择的基金，常见的有选择成立 3 年以上基金且同类型基金中 3 年收益最高的，并且没有更换过基金经理的；一般通过基金公司购买直销成本和手续费最低的；一般可以从基金累计净值增长率考察基金分红比率。

由上可知基金定投并不神秘，相比于其他的基金，工薪族的投入成本会低很多，安全性也更高，收益相对稳定。

做好基金定投，3 个关键词很重要，合适、定投、基金，合适——挑选适合自己的基金产品；定投——长期稳定的投资，一般定投都看重长期性；基金——基金公司要靠谱。在本节我们有详细讲过，这里不做重复。

余额宝的灵魂，其实是货币基金

余额宝的本质是货币基金，在余额宝升级后，对接的货币基金产品也在不断丰富。那么怎么来理解货币基金呢？它的收益和风险该怎么看呢？

货币基金简单理解就是通过基金管理人的运作，基金托管人保管资金，专门用于投资风险较小的货币市场的基金，收益稳定，流动性好，安全性高。

对于货币基金一般我们可以从产品特色、投资去向、产品看头、投资小技巧等方面去理解，简单介绍如下。

首先，产品特色要明了

货币基金的特色在于本金安全、资金流动性强、收益率稳定、投资成本低、分红免税、自由转换等。货币基金本金安全类似于储蓄，而且货币基金随时可申购，随时可赎回，利息以复利计算，一般认购、申购、赎回等免手续费，可与基金公司的其他开放式基金进行转换，如转换为债券型基金。

其次，投资去向要清楚

货币基金主要用于投资短期货币工具，如国债、央行票据、商业票据、银行定期存单、政府短期债券、企业债券等短期的有价证券，其中一般要求企业债券的信用等级较高。

然后，产品选择有看头

国内基金市场目前来说比较成熟稳定，品种很多，那么货币基金究竟哪只好，我们该如何选择适合自己的那一只呢？可以从如下几方面去了解。

- **基金规模**：对于货币基金来说，规模越大越适合。
- **基金两大类**：对于目前市场存在的货币基金，一般可分为两大类，一般 A 类基金的起投金额较低，如 100 元；B 类基金的起投金额在 500 万元以上，投资者大多还是适合 A 类。
- **基金资金面**：货币基金的收益高低与市场资金面息息相关。
- **基金产品线**：一般选择产品线完善的公司较好，可实现其旗下基金的相互转换。
- **基金过往业绩**：选择一只时间较长、业绩相对稳定的货币基金比较好。

最后，选购小技巧

除了如上所说的选购看头外，货币基金选购时还有没有什么小技巧呢？一般可以从以下几方面去把握。

- **投资渠道**：快速的流通变现是货币基金的特色，通过银行购买货币基金，赎回到账需要 2~3 天。而通过一些基金公司的网络交易平台，一般只需要 1 个工作日。
- **基金公司**：选择一家管理规范的基金公司很重要。
- **投资时间**：交易时间在交易日的 15:00 以前，最好选择在周一赎回，可拥有周末两天的基金收益。
- **资金配置**：短期或活期闲置的资金可用来投资货币基金，其他的可考虑债券、股票类基金。
- **查看行情**：可以通过货币基金行情图，查看货币基金的收益排名情况，收益排名靠前的基金相对较好。
- **“T+0”基金**：一般基金是在“T+1”或“T+2”工作日，选择“T+0”交易日的货币基金，可快速变现。

- **完仓基金**：一般新建仓的基金的手续费会相对较高，且短期的收益也较低，所以建议可考虑已完仓的基金。

我们要注意，一般货币基金的收益是从交易确认日就开始计算的，如果我们在周五进行申购，收益的确认从周一开始，周末不计算相应的收益，也无活期利息，因此可在除周四或周五的工作日进行申购。

保本基金，怎么买才保本

做任何投资，保本肯定是首要考虑的，那么有没有一类基金是保本的呢？当然有，这类基金就是保本基金，保本基金简单说就是投资双方在购买合同约定，产品方对于投资者的本金提供一定比例的本金保证，无论基金市场如何变化，不会低于其担保的价格。

对于保本基金，该如何去理解呢？看下面一个故事。

唐先生，几年前在朋友的推荐下，购买了某基金公司推出的某系列保本基金，在签订合同时，由于朋友推荐，他并没有详细查看合同。而在今年到期后，他进行基金赎回后，发现原本 2 万元的本金，现在到账却是 18574.86 元，他问朋友，明明是保本基金，怎么最后还损失了一部分本金呢?

如上例唐先生购买的保本基金，应该是只保障部分本金及固定利息收入的保本基金，保本额度是本金的 80%或 90%。

对于保本基金我们可以从产品分类、投资去向、投资期限、基金特色、投资风险等方面去理解，简单介绍如下，仅供参考。

- **产品分类**：保本基金一般可分为保证和护本基金两种类型，其中护本基金不需要第三方提供担保。

- **投资去向**：一般来说，保本基金将大部分的资产投资于固定收入债券，剩余的投资于股市等高风险高收益产品。
- **投资期限**：保本基金的期限一般较长，常见的至少 3 年，保本基金是一种长期投资工具。
- **基金特色**：保本基金的本质是一个平衡型基金，以投资组合的形式存在，在将风险降到最低的前提下不放弃对超额收益的追求。
- **投资风险**：保本基金的风险主要有市场风险和管理风险，由市场波动带来的投资组合比例的调整和基金管理人的风控及内控不当，影响基金到期的保本实现。
- **保本额度**：保本基金的保本大致可分为“完全保本但不保息”、“完全保本及保障利息”、“只保障部分本金及固定利息收入”这 3 种。

对于保本型基金，初始的认购期很重要。现在大多保本基金只对认购期内购买并持有到期的份额提供保本，所以在认购期购买，并且持有到期很重要。

3 月份以来，有 3 只保本基金发布到期转型或清盘公告，目前存续的保本基金只有 22 家公募旗下的 34 只产品，并将集中在近半年内密集到期。所有手里有保本基金的理财者们要注意了。

面对分红基金，要保持淡定

投资者购买了某类基金后，根据约定，基金将收益的一部分以现金的方式派发给基金投资人，这类基金就是分红基金。

对于分红基金，购买不是那么简单的事儿，看下面一个故事。

李先生近来和朋友聚会时，大家谈到投资理财这件事，于是有朋友向他推荐一款手里的分红基金。

朋友告诉他，现在只要持有该基金10万分，如果选择现金红利，将可以得到0.5万元的现金红利；如果选择红利再投资，分红基准日基金份额净值为1.25元，那么他可以分到5000元÷1.25元/份=4000份基金份额，他持有的总基金份额就为10.4万份。

虽然红利可观，但是他还在考虑，毕竟对于分红基金他不太懂，也不好匆忙做决定，至少得知道分红基金是怎么回事。

我们可以通过分红条件、分红方式、分红时间、分红本质等几方面对分红基金进行了解，具体如下。

- **分红条件**：根据相关的规定，一般基金分红需要满足基金的当年收益已经弥补了以前的年度亏损的分配；收益分配后，单位净值不低于面值，如果在投资当期出现了净亏损，一般不进行分配。
- **分红方式**：基金分红主要有两种方式，分别是现金分红和红利再投资。
- **分红时间**：对于基金分红，我们需要明确权益登记日和除息日，在权益登记日，投资者可参与分红；在除息日，基金份额净值按照分红比例进行除权。
- **分红本质**：分红派发的基金收益是基金净值的一部分，分红后，基金净值会比较低。

作为基金新手或者理财小白，由于理财知识储备以及投资经验的缺乏，我们一定要注意不要跳坑，以免到时后悔。

所以在购买分红基金时，常见的一些理财误区我们要知道，简单介绍如下。

- 只看短期分红，不看长期投资。

- 基金净值越高，可享受的分红比例越大。
- 购买分红基金后，约定期内都可享受无条件分红。
- 短期分红好的基金，长期也是好基金。
- 红利再投资优于现金分红。
- 基金净值越高，意味着越危险，上涨空间也越小。

根据相关规定，基金管理必须以现金形式分配至少 90%的基金净收益，并且每年至少分配一次。而基金分红的多少以及基金分红的策略往往是根据基金契约的规定来实施的。

基金分红跟基金的盈利能力不能画等号，净值和风险大小也不对等，正确认识分红基金，选择适合自己的分红方式是根本。

使出相亲的尽头，从 5000 只基金里挑个好的

在现代社会，相亲似乎无处不在。相亲，相爱，才有家，不管是忙碌工作的年轻人还是已到中年的叔叔阿姨们，到了年底，相亲宴总是走完一波又来一波，如何从相亲人群中，找到最适合你的那一个，需要方法与勇气。

同样的道理，在基金市场至少有 5000 只基金，哪一只才是最适合你的？

对于 90、95 后的年轻人来说，即将迈入 30 岁的门槛。走出校门后，工作几年，一个个都将面临结婚生子、房贷车贷、升职加薪等问题。人生正处于或将处于一个巨大的消费期，正所谓三十而立，无论你是 90 后还是 95 后，都必须有一套自己的理财观，才能真正做到“三十而立”。

章先生大学毕业后一直在一家私营企业做财务，每月固定收入约 5000 元，每月房租 1200 元，生活消费 2000 元，交通支出 500 元，电话费 200 元，每月给父母寄回 500 元，书本费 100 元，每月定存 500 元。

他现在有活期存款 2 万元，没有车贷、房贷的负担，无任何的负债，风险承受能力中等。他最近打算将这 2 万元的其中一部分用于购买基金，但是不知道怎么去选择一只适合自己的。

对于章先生来说，财务工作相对稳定，但是通过升职加薪增加收入却需要一定的时间，他现在未婚，正在走向一个压力较大的时期，需要提前做好准备。

以他现有的资产来看，要同时实现购房购车会有一定的难度，可以申请汽车消费贷款，但是这样每个月的资金结余就会相对减少，而且银行从风险规避方面来说，也可能会拒贷。所以建议他可以先把买车的时间延后一些，等资产积累到一定的标准再规划。

而由于工资相对固定，如果无业余兼职收入的补贴，建议在房租、生活消费和交通支出上进行一定的消费缩减，安排预算最佳的消费方案。这样每个月的结余会增多，不管是储蓄还是基金理财，或者其他的理财才能有相应的成本。

大多年轻人会有一种想法，那就是现在积累的资产较少，所以先消费，等到积累足够的资金才去考虑。其实这样的想法是错误的，会将自己带入无限消费的陷进中去，开源节流是理财的第一步。

理财不是一时，而是长久的计划，如同我们的生活习惯一样，理财这种习惯，更是应该年轻时就养成。如何选择一只适合自己的基金，一般建议可以从如下几方面去考虑。

- **组合投资**：对于积蓄不多或者时间不多的工薪族来说，由于时间和理财经验的缺乏，一般建议采用组合投资，如将结余资金的一部分用于货币基金和债券基金的组合。当然，追求高风险高收益的理财者，还可以考虑股票基金。

- **申购金额要求较低**：不同的基金对于申购金额的要求是不同的，对于工薪族来说，货币基金、基金定投、债券基金等的申购金额都是比较适合家庭和个人投资的。当然喜欢冒险的投资者选择股票基金时要根据具体的行情来分析。
- **基金购买**：除了在基金公司购买，还可以在银行网点柜台或者官网购买。一般在银行申请了相应的账户后，可以在手机端或者电脑端直接选中某只基金购买，如常见的每月基金定投。
- **手续费较低**：基金在认购、申购、赎回环节都有一定的手续费，尽量选择手续费较低或者零手续费的基金。在有限的资金投入下，尽可能地节省相应的成本。

一般来说，申购基金的最低额常在 1000 元左右，而对于月收入在 3000~5000 元的投资者来说，扣掉各种开支，每月剩余 1000 元用于理财的可能性较小。所以，除了争取升职加薪增加收入外，节省开支就显得很有必要。

对于基金排名，要理性对待

走出校门前，有成绩排名榜；毕业工作了，有业绩排名榜；购买基金时，也有基金排名榜。

3 种排名都好看难做，所以要有方法。对于基金的排名，我们可以通过相应的网站去了解，如天天基金网，登录天天基金网的官网，单击“基金排行”超链接，如图 6-2 所示。

图 6-2 登录天天基金网

我们可以看到所有开放基金的排名，根据相应的日期、单位净值、累计净值、增长率等的排名，可单击“货币基金排行”的按钮，对货币基金的排名进行了解，如图 6-3 所示。

序号	基金代码	基金简称	日期	单位净值	累计净值	日增长率	近1周	近1月	近3月	近6月	近1年	近2年	近3年	今年来	成立来	自定义	手续费	可购 全部
1	005585	银河文体娱乐	03-12	1.3432	1.3432	4.25%	17.96%	37.12%	37.59%	35.32%	---	---	---	38.88%	34.32%	34.32%	0.15%	购买
2	481010	工银中小盘混	03-12	1.4920	1.4920	5.00%	13.55%	37.38%	46.27%	38.53%	14.59%	1.50%	15.12%	55.58%	49.20%	15.66%	0.15%	购买
3	001298	金鹰民族新兴	03-12	1.1330	1.1330	2.81%	13.41%	30.38%	29.04%	33.14%	2.35%	10.11%	17.17%	35.36%	13.30%	3.19%	0.15%	购买
4	481015	工银主题策略	03-12	2.1000	2.1000	5.11%	12.96%	36.72%	46.65%	34.96%	-1.41%	10.82%	18.98%	56.95%	110.00%	-0.33%	0.15%	购买
5	161030	富国中证体育	03-12	1.2900	0.5540	3.12%	12.27%	33.68%	27.98%	29.25%	-6.97%	-30.27%	-25.99%	35.79%	-45.96%	-6.13%	0.12%	购买

图 6-3 单击“货币基金排行”按钮

此时，我们将看到排名前五的货币基金，其中包括 5 类货币基金的万份收益率、7 日年化收益率、14 日年化收益率，甚至近 3 年的利率。投资者可选择任意一种货币基金进行了解，如单击“中邮货币 A”超链接，如图 6-4 所示。

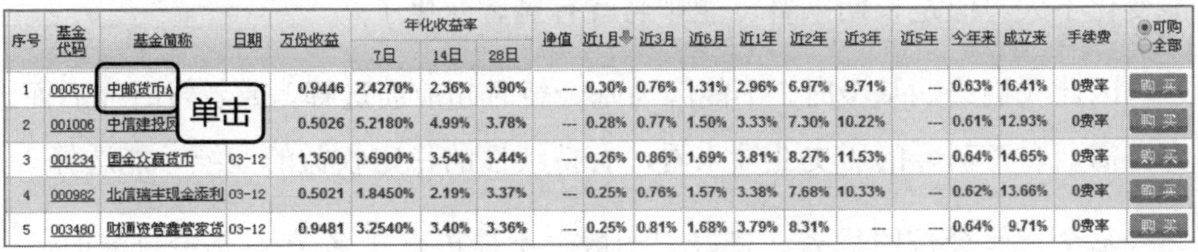

序号	基金代码	基金简称	日期	万份收益	年化收益率 7日	年化收益率 14日	年化收益率 28日	净值	近1月	近3月	近6月	近1年	近2年	近3年	近5年	今年来	成立来	手续费	可购 全部
1	000576	中邮货币A		0.9446	2.4270%	2.36%	3.90%	---	0.30%	0.76%	1.31%	2.96%	6.97%	9.71%	---	0.63%	16.41%	0费率	购买
2	001006	中信建投凤		0.5026	5.2180%	4.99%	3.78%	---	0.28%	0.77%	1.50%	3.33%	7.30%	10.22%	---	0.61%	12.93%	0费率	购买
3	001234	国金众赢货币	03-12	1.3500	3.6900%	3.54%	3.44%	---	0.26%	0.86%	1.69%	3.81%	8.27%	11.53%	---	0.64%	14.65%	0费率	购买
4	000982	北信瑞丰现金添利	03-12	0.5021	1.8450%	2.19%	3.37%	---	0.25%	0.76%	1.57%	3.38%	7.68%	10.33%	---	0.62%	13.66%	0费率	购买
5	003480	财通资管鑫管家货	03-12	0.9481	3.2540%	3.40%	3.36%	---	0.25%	0.81%	1.68%	3.79%	8.31%	---	---	0.64%	9.71%	0费率	购买

图 6-4 选择要查看的基金

在打开的页面中我们将看到关于该基金的类型、基金规模、成立日、管理人、基金经理、起购金额等，如图 6-5 所示。

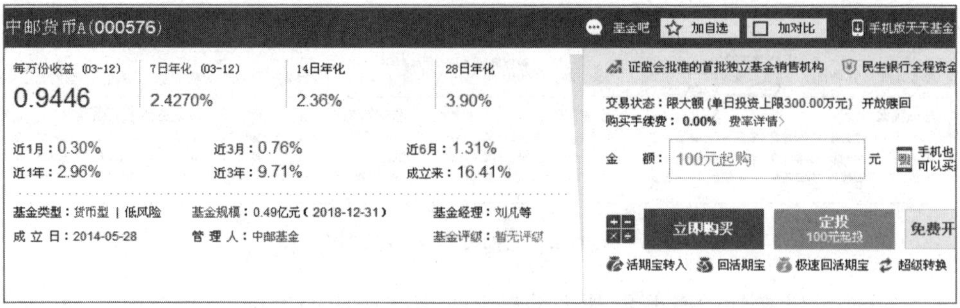

图 6-5　基金详情

在该页面，我们还可以看到通过阶段涨幅进行的相关排名，如近一周排名为一般，近 1 月和近 3 月的排名都为优秀，甚至在近 1 个月同类排名中，排名第三，如图 6-6 所示。

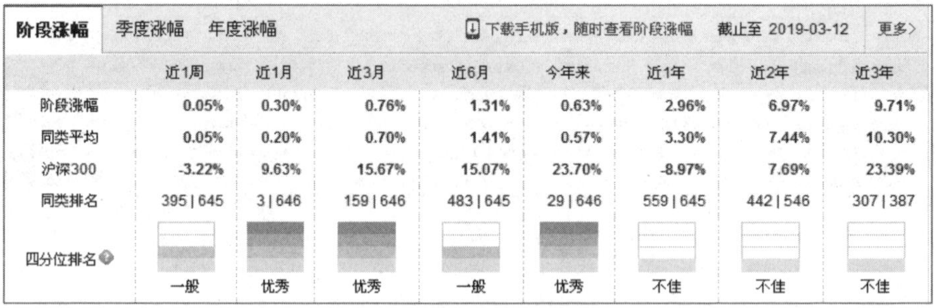

阶段涨幅　季度涨幅　年度涨幅　下载手机版，随时查看阶段涨幅　截止至 2019-03-12　更多>

	近1周	近1月	近3月	近6月	今年来	近1年	近2年	近3年
阶段涨幅	0.05%	0.30%	0.76%	1.31%	0.63%	2.96%	6.97%	9.71%
同类平均	0.05%	0.20%	0.70%	1.41%	0.57%	3.30%	7.44%	10.30%
沪深300	-3.22%	9.63%	15.67%	15.07%	23.70%	-8.97%	7.69%	23.39%
同类排名	395 | 645	3 | 646	159 | 646	483 | 645	29 | 646	559 | 645	442 | 546	307 | 387
四分位排名	一般	优秀	优秀	一般	优秀	不佳	不佳	不佳

图 6-6　基金排名

一般基金的排名榜是不断变化的，没有哪只基金能永远保持第一，短期可能变化不大，但是长期来看可能排名就有显著变化了。

因此我们选购基金时，不能因为基金暂时超前而选择，或者暂时靠后而放弃，需要参考基金的历史业绩来看，有持续性的稳定收益的业绩才能选择。

基金一般会按照优秀、良好、一般、不佳进行排名,在看基金排名时，一定要注意在同类基金之间进行比较，不同种类之间可比性不强。

基金买卖手续费，节省有妙招

交易成本是我们在购买基金产品中需要考虑的问题，交易过程中如认购费、申购费、赎回费、管理费、托管费等构成了基金买卖的手续费。现在的基金市场，一般只有货币基金是没有手续费的，其他基金或多或少都有一定的手续费，那么有没有什么小技巧可能实现较低的手续费呢？

- **购买时机**：同一只基金在发行时认购和封闭期过后申购，费率是不一样的，认购费率相对较低。
- **购买渠道**：不同的渠道购买基金的手续费是不同的，通过网上银行申购基金的客户，基金的申购费率会有一定的折扣优惠，银行都会不定期发布公告，具体多少以银行的公告为主。
- **购买品种**：在同类的基金产品中，一般指数基金费用偏低。
- **再次购买**：基金公司会对那些将红利再用于申购的投资者，免收第二次申购费，但是是否选择红利再投资还是要根据市场情况而定。在牛市下比较适合，熊市要注意，一般可保留现金分红。
- **持有时间**：长期持有的基金可选择后端收费，随着持有基金时间的增加，费率随之降低，赎回费也会有相应的优惠。
- **基金转换**：当在同一基金公司旗下购买了多只基金时，如果不同基金进行相互转换，可享受费率优惠，有些公司甚至不收取费用。但我们要注意，各家基金公司旗下基金转换的费率并不统一，相应的规定也有所不同，投资者在不同的基金间进行转换时一定要先向基金公司了解清楚，再做出最适合自己的选择。

一般基金的手续费属于一次性费用，当你在买入和卖出基金时必须一次性地交付手续费，但在其他任何时候都不需要再支付。

投资者将手中持有的基金按照基金公布的价格卖出给基金公司并收回现金的方式，就称之为赎回。基金的赎回不能盲目操作，否则将给自身带来一定的损失。几个小技巧介绍给大家，仅供参考。

- **减少赎回时间**：如果一家基金公司提供旗下基金的相互转换，当实现不同基金的转换时，可以大大减少赎回时间。还可以选择一些交易在途时间短的基金，节省成本，同时一定要注意避免在法定节假日前申购或赎回。
- **开通预约**：当在基金公司或者银行开通了投资预约业务，那么在日常的基金管理中，通过相应的基金网络交易系统，将自动对基金的申购和赎回进行提前约定。
- **基金赎回分两类**：基金的赎回一般分两种情况，一是当前基金不是自己想要的基金，二是已经达到了预期投资收益。
- **赎回模式**：建议基金的赎回可以采用分批次赎回，降低市场风险。
- **赎回时机**：可以根据股市的变动、基金的投资组合、基金公司的高管变动等选择合适的时机进行赎回。

建议掌握基金赎回的主动权，我们需要根据市场变化以及基金行情等的变化做出是否赎回的决定，不能做被动赎回者，但是也不能随意进行赎回。游戏有规则，赎回同样需要遵循一定的规则。

基金投资小流程，了解一下

对于基金的购买流程，一般可以从平台选择、产品选择、产品分析、购买选择等方面去理解，简单介绍如下。

首先，平台要找对

基金市场的基金公司很多，一些代销机构或者网点也很多，如何选择安全可靠的平台是我们需要思考的。可以通过同类对比或者朋友推荐。如经朋友推荐的天天基金网，在这里我们可以看到各项基金数据、投资工具、基金资讯、基金交易等，如图 6-7 所示。

图 6-7　基金平台

其次，产品要适合

对于众多的基金产品，如何不盲目混乱地选择？在前面章节我们已经详细讲解了如何选择一只适合自己的基金。在这里，我们就可以带着那些理论进行实际操作了。

即使平台不同，但一般可将基金分为常见的股票基金、混合基金、债券基金、货币基金、理财基金等，选择自己中意的产品进行购买，例如在如图 6-7 所示的天天基金网的官网页面中单击“基金超市”超链接，在打开的页面中单击“理财”超链接后进入如图 6-8 所示的页面，单击“大成月月盈短期理财债券 A”超链接。

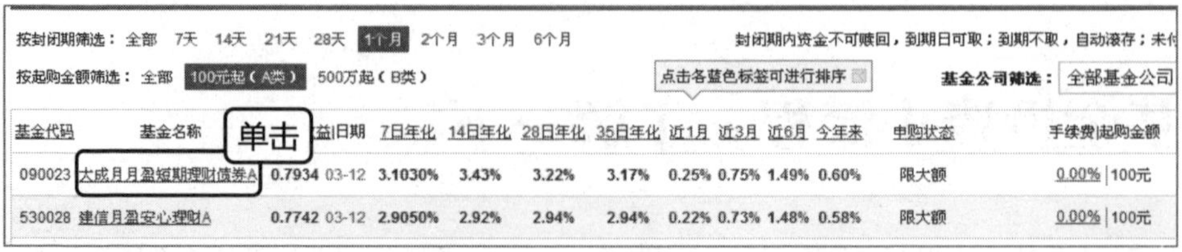

图 6-8　选择产品

在打开的页面中即可查看到该基金的详情，如图 6-9 所示。单击“基金概况”超链接。

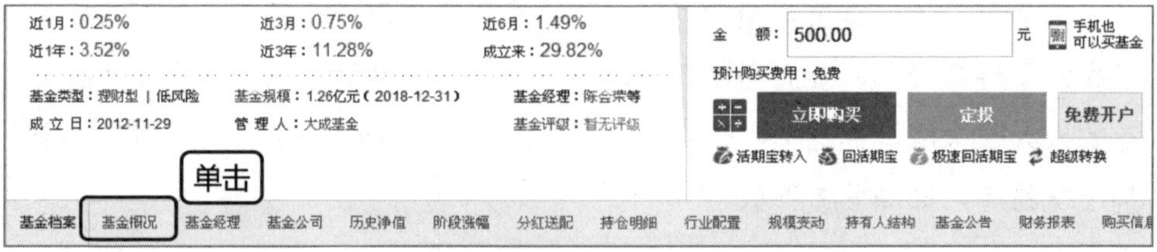

图 6-9　产品详情

在打开的页面中我们可以看到该基金的基本概况，如代码、发行日期、资产规模、管理人、托管人、手续费等，如图 6-10 所示。

基金全称	大成月月盈短期理财债券型证券投资基金	基金简称	大成月月盈短期理财债券A
基金代码	090023（前端）	基金类型	理财型
发行日期	2012年11月20日	成立日期/规模	2012年11月29日 / 36.209亿份
资产规模	1.26亿元（截止至：2018年12月31日）	份额规模	1.2647亿份（截止至：2018年12月31日）
基金管理人	大成基金	基金托管人	中国银行
基金经理人	陈会荣、李富强	成立来分红	每份累计0.00元（0次）
管理费率	0.27%（每年）	托管费率	0.08%（每年）
销售服务费率	0.30%（每年）	最高认购费率	0.00%（前端）
最高申购费率	0.00%（前端）	最高赎回费率	0.00%（前端）
业绩比较基准	七天通知存款税后利率	跟踪标的	该基金无跟踪标的

图 6-10　产品概况

在该页面我们还可以对该基金的投资策略和分红政策有一定的了解，如本基金投资期限、品种选择、回售条款、分红七条政策等，具体如图 6-11 所示。

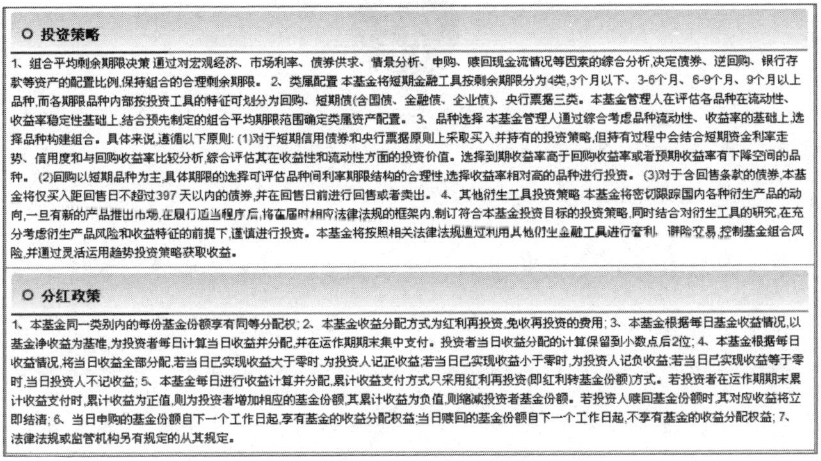

○ 投资策略

1、组合平均剩余期限决策 通过对宏观经济、市场利率、债券供求、情景分析、申购、赎回现金流情况等因素的综合分析,决定债券、逆回购、银行存款等资产的配置比例,保持组合的合理剩余期限。 2、类属配置 本基金将短期金融工具按剩余期限分为4类,3个月以下、3-6个月、6-9个月、9个月以上品种,而各期限品种内部按投资工具的特征可划分为回购、短期债(含国债、金融债、企业债)、央行票据三类。本基金管理人在评估各品种在流动性、收益率稳定性基础上,结合预先制定的组合平均期限范围确定类属资产配置。 3、品种选择 本基金管理人通过综合考虑品种流动性、收益率的基础上,选择品种构建组合。具体来说,遵循以下原则: (1)对于短期信用债券和央行票据原则上采取买入并持有的投资策略,但持有过程中会结合短期资金利率走势、信用度和与回购收益率比较分析,综合评估其在收益性和流动性方面的投资价值。选择到期收益率高于回购收益率或者预期收益率有下降空间的品种。 (2)回购以短期品种为主,具体期限的选择可评估品种间利率期限结构的合理性,选择收益率相对高的品种进行投资。 (3)对于含回售条款的债券,本基金将仅买入距回售日不超过397 天以内的债券,并在回售日前进行回售或者卖出。 4、其他衍生工具投资策略 本基金将密切跟踪国内各种衍生产品的动向,一旦有新的产品推出市场,在履行适当程序后,将在届时相应法律法规的框架内,制订符合本基金投资目标的投资策略,同时结合对衍生工具的研究,在充分考虑衍生产品风险和收益特征的前提下,谨慎进行投资。本基金将按照相关法律法规通过利用其他衍生金融工具进行套利、避险交易,控制基金组合风险,并通过灵活运用趋势投资策略获取收益。

○ 分红政策

1、本基金同一类别内的每份基金份额享有同等分配权; 2、本基金收益分配方式为红利再投资,免收再投资的费用; 3、本基金根据每日基金收益情况,以基金净收益为基准,为投资者每日计算当日收益并分配,并在运作期期末集中支付。投资者当日收益分配的计算保留到小数点后2位; 4、本基金根据每日收益情况,将当日收益全部分配,若当日已实现收益大于零时,为投资人记正收益;若当日已实现收益小于零时,为投资人记负收益;若当日已实现收益等于零时,当日投资人不记收益; 5、本基金每日进行收益计算并分配,累计收益支付方式只采用红利再投资(即红利转基金份额)方式。若投资者在运作期期末累计收益支付时,累计收益为正值,则为投资者增加相应的基金份额,其累计收益为负值,则缩减投资者基金份额。若投资人赎回基金份额时,其对应收益将立即结清; 6、当日申购的基金份额自下一个工作日起,享有基金的收益分配权益;当日赎回的基金份额自下一个工作日起,不享有基金的收益分配权益; 7、法律法规或监管机构另有规定的从其规定。

图 6-11　投资策略与分红政策

然后，分析该产品

通过对该基金的概况进行基本了解，如基金的类型、收益计算、投资去向、投资风险、过往业绩、基金托管人、基金管理人、基金经理、风险等级、手续费等，从多方面考虑，该基金是否为自己想要购买的基金。

最后，确定是否购买

如果确定购买该基金，同样可以在该基金的概况页面，单击“购买”超链接，进行基金购买，如图 6-12 所示。

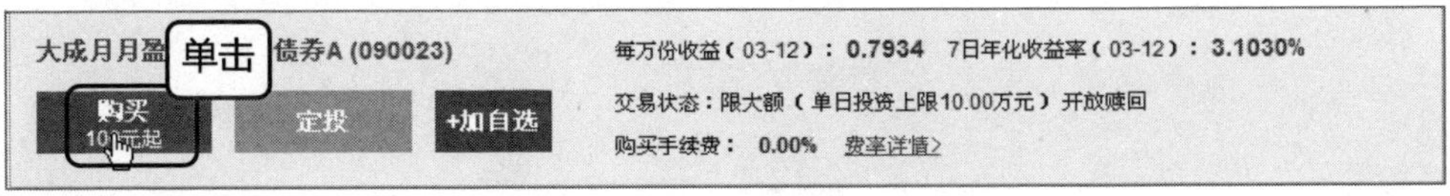

图 6-12　确认购买

在基金的购买过程中，比较困难的是对产品的选择，所以在购买之前就需要做好相应的准备，做好行情了解。如同股市中我们对于行情的分析，购买基金同样需要了解行情，这是决定我们收益的关键。

本章小结

对于行走理财江湖的侠客们来说，如果储蓄是把“剑”，那么“基金”就是一把“刀”，一刀一剑走天涯！

本章主要从新手投资需具备的一些小技能，如基金常识、基金术语、基金分类、基金风险等说起，以及如何判断一只基金的赚钱能力出发，解开了基金定投的神秘面纱，更发现了余额宝的灵魂深处是货币基金。当然保本基金还是要知道的，当分红基金来偶遇时，一定要保持淡定。5000 多只基金中，我们要使出相亲的劲头，选择一个“看的顺眼，人品还不差”的基金做朋友。当然对基金排名，是不是“美女”都要理性对待。基金买卖还要钱，节省才是王道。基金投资小流程，要不要了解一下？最后，基金赎回有技巧！

本章的内容相对简单，从简单的理论知识出发，通过案例+实操的模式，对复杂的理论进行简单化，便于读者理解。通过理论+案例+实操分析，让小白们对于这只基金有个基本的认识，为以后的基金买卖打下基础，更为小白们增加了一项理财技能。当然在这个过程中，通过对一些小技巧的学习，可以大大地节省相应的投资成本，实现无论哪一种投资，开源和节流齐头并进。

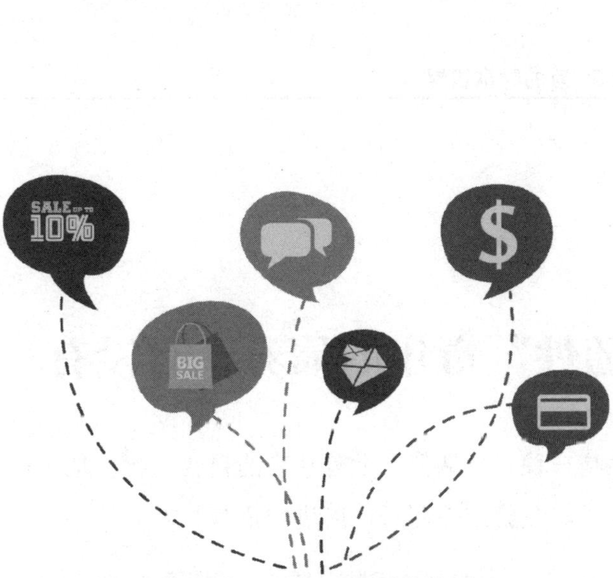

第 7 章

想要低风险高收益，债市就该这么玩

股市动荡，不少投资者作出的投资策略都是求稳，当然求稳的同时，能获得预期收益就更好了，除了常见的储蓄、银行理财、基金等，债市就是一个不错的选择。

投资者可以在这里休养生息，不仅能实现保本，甚至还能获得高收益，当然前提是你要明白债市风险、债市规则、债市收益等基本常识，才能一步步玩转债市。

而本章从适合佛系青年的债券开始，手把手教你，即使是小白一枚，也能玩转债市。

适合“随性”青年的债券，有没有

所谓随性是一种三分调侃、七分从容的自我消解，是一种追求内心平和、淡然的生活方式，在稳定中前进，前进中逐梦！

项先生毕业后在一家地产公司做设计，工资每月约 6000 元，每月租房 1200 元，生活消费 2000 元，其他费用 1000 元。女友在一家公司做文员，每月工资 3500 元，生活费加购物，每月几乎没有结余。

去年在朋友的推荐下，他购买了一款记名国债，可以提前兑取和办理质押贷款，可以挂失，但不能流通转让，期限为 3 年，票面利率为 4%，按年付息，每年 4 月 10 日支付利息，在 2021 年 4 月 10 日偿还本金并支付最后一次利息。

如上述案例所示，债券适合一般工薪族也适合佛系青年，但前提是对于债券有基本了解。首先，从债券的种类说起。

债券根据不同的划分方式，可以分为不同的品种，具体如下。

- **是否上市**：可分为上市债券和非上市债券，上市债券一般指可在证券交易所挂牌交易的债券；反之则是非上市债券。
- **记名与否**：记名债券和不记名债券，记名债券一般指债券上记有持券人的姓名或名称的债券。
- **利息计算**：单利债券、复利债券、累进利息债券。
- **利息支付方式**：零息债券、定息债券、浮息债券。
- **发行主体**：政府债券、金融债券、公司债券，其中政府债券是政府为筹集资金而发行的债券；而金融债券是由银行和非银行金融机构发行的债券；公司债券是由上市公司发行的债券。

- **能否提前偿还**：可赎回债券和不可赎回债券，可赎回一般指在债券到期前，发行人可以以事先约定的赎回价格收回的债券。
- **募集方式**：公募债券和私募债券，公募债券一般指的是向社会公开发行，任何投资者均可购买的债券，可转让；而私募债券是向特定投资者发行债券，发行和转让有限制。

当然除了以上常见的一些分类外，在债券市场还有一些债券衍生品种，相对比较复杂，而且不太适合一般小白，所以，在这里我们不做详细介绍。

作为求稳的随性青年，比较适合政府债券中的国债或者地方债，当然也可以尝试一些由银行发行的金融债券，如果想获得高收益还可以尝试公司债券和上市债券等。

怎么当个好“债主”，这些要知道

作为随性青年“债主”，光知道债券品种还不够，还应该对债券市场、债券价格、债券投资成本、债券常用术语、债券交易流程等有所了解。

债券市场要了解

债券市场是发行和买卖债券的场所，一个统一、成熟的债券市场可以为全社会的投资者和筹资者提供低风险的投融资工具，构成国家金融市场的基础。在过去的一年中，由于受大环境影响，证券市场中许多金融投资产品均出现较大的震荡，投资回报变化不定，但是债市的投资回报却相对较好。2019 年，债市还有戏，在开启避险模式下，债券投资是一种相对良性选择。

债券价格要会看

与其他商品不一样，债券具有两种价格，发行价格和交易价格。其中发行价格是债券发行时的价格，交易价格是债券经过债市的流通转让后的现价。如图 7-1 所示，债券代码为 190205，债券名称为 19 国开 05 的十年期债券，到期日为 2029 年 1 月 8 日，票面利率为 3.48%，到期收益率为 3.6314%，发行价格为 99.43 元，交易价格为 99.24 元。

序号	债券代码	债券名称	币种	期限	到期日	票面利率/折合年化收益率(%)	客户买入全价	客户卖出全价	到期收益率%	操作
1	190003	19附息国债03	人民币	36月	2022-03-07	2.6900	99.85	99.78	2.7750%	买入 卖出 历史价格
2	190204	19国开04	人民币	84月	2026-02-26	3.6800	99.39	99.21	3.8161%	买入 卖出 历史价格
3	190203	19国开03	人民币	60月	2024-02-01	3.3000	99.77	99.59	3.4458%	买入 卖出 历史价格
4	190001	19附息国债01	人民币	12月	2020-01-17	2.3100	100.34	100.30	2.3621%	买入 卖出 历史价格
5	190202	19国开02	人民币	36月	2022-01-18	3.0300	100.15	100.03	3.1586%	买入 卖出 历史价格
6	190201	19国开01	人民币	12月	2020-01-08	2.5400	100.49	100.43	2.5277%	买入 卖出 历史价格
7	190205	19国开05	人民币	120月	2029-01-08	3.4800	99.43	99.24	3.6314%	买入 卖出 历史价格

图 7-1　债券信息

债券成本要会算

在债券的投资成本中，常见有购买、交易、税收三方面的成本。购买成本=购买数量×发行价格，如果债券多次流通交易，购买成本=购买数量×转让价格。对于特别的债券还会用到公式：购买价格=票面金额×（1−年贴现率）。如某债券面值为 100 元，年贴现率为 8%，期限为 1 年，则购买成本为 92 元。

交易成本一般是指债券在一级市场流通后进入二级市场，所需要支付的如佣金、成交手续费、过户手续费和签证手续费等。

关于税收成本，一般购买国债、地方政府债券、金融债券是免税的。但如果购买公司债券，证券交易所会在每笔交易完成后，清算资金账户时代扣。

债券术语要知道

任何一种投资理财产品都有其常见的术语，这些术语能帮助我们更好地理解该产品，从而为投资决策做出正确指引。在债市，同样有专属于债券的术语，简单介绍如下，如表 7-1 所示。

表 7-1 债券术语

项目	明细
债券面值	一般指债券发行时，发行人承诺在债券到期日，偿付给债券持有人的金额，也称为票面金额
票面利率	债券券面上所载明的利率
净价交易	在债券买卖交易时，最终报价里不包含应计利息的一种交易方式
全价	一般在结算时，买方除按净价支付成交价款外，还要另向卖方支付应计利息，全价=净价+应计利息
债券期限	一般指在债券发行时就确定的偿还本息的年限
剩余期限	距离最终还本付息时间，一般以年为计算单位
应计天数	从利息计算的当日到最终利息结算的天数
应计利息	自上一利息支付日到最终交易清算日所产生的利息收入
到期收益率	买入债券后持有至到期可得到的收益，一般按照复利计算
持有期收益率	买入债券一段时间，在债券到期前又将其出售的这一段时期的收益
久期	衡量债券价格变动对利率变化的敏感度

债券术语只是作为债券常识的一种基本储备，除此之外，我们还需要对债券的交易流程有所了解。

债券交易流程要弄清

债券市场一般可分为两种市场，场内交易市场和场外交易市场。场内交易就是我们常见的交易所交易，根据相关的证券交易所规定，债券交易程序一般包括开户、委托、成交、清算和交割、过户相关程序。而场外债券交易就是在证券交易所以外的证券公司柜台进行的债券交易，一般包括自营买卖和代理买卖两种，程序相对简单，这里不做详细讲解。

债券的风险因素，要提前了解

任何的投资都具有风险，即使是银行理财，虽然说高风险高收益，但是作为理财者来说，投资的风险要在家庭或者个人可承受的范围内，那么债券市场都有哪些风险呢？看下面一个例子。

A 公司主营业务为生产和销售单晶硅和多晶硅太阳能电池组件，公司于 2012 年在交易所上市。在 2014 年，公司发行了 1 亿元、5 年期、票面利率为 8.98%的公司债券，每年的 4 月 × 日为债券的付息日，而在 2019 年 3 月，公司发布公告称，公司无法按期全额支付相关的债券利息。

如上例所示，就是一种常见的债券风险之一：违约风险。除了该风险，在债券市场还存在着如下几种常见风险。

- **违约风险**：指债券到期时，因为债券发行人不能按时支付债券利息或偿还本金，从而给债券投资者带来损失的风险。
- **利率风险**：利率是影响债券价格的重要因素之一，债券价格会随利率的变动而变动，两者成反比状态。
- **通货膨胀风险**：通货膨胀和实际收益息息相关，在通货膨胀期间，如果债券利率为 5%，通货膨胀率为 4%，那么实际收益率只有 1%。是一种常见的风险。
- **流动性风险**：一般指投资者在短期内，无法将手里的债券以合理的价格卖掉的风险。
- **再投资风险**：当投资者以收到的利息或到期偿还的本金进行再投资时，由于市场的变化使得再投资收益率低于初始投资收益率的风险。
- **经营风险**：一般指债券公司或企业在经营过程中，由于经营失误，导致公司的资产减少，从而给债券投资者带来本金或利息损失的风险。

面对如上的风险，该如何来规避呢？几点小建议仅供参考。

- **违约风险**：为了避免违约风险，最简单的做法就是选择质量高的债券，要考虑发行公司的经营状况、以往业绩、信誉等。而对于求稳的投资者，建议可考虑购买风险最低的国债。
- **利率风险**：对于利率风险，可分散投资不同期限的债券，利率上升时，适合购买短期债券，反之，则适合购买长期债券，最终通过长短期债券的配合来降低利率风险。
- **通货膨胀风险**：面对通货膨胀的风险，可通过将一部分资金投资收益较高的产品，如股票或者期货等，从而实现风险分散，但同时我们也要注意购买高收益产品所带来的风险。
- **流动性风险**：要规避流动性风险，可选择流动性较强的债券，如国债，对于一些冷门债券要慎重。
- **再投资风险**：对于再投资的风险，建议主要考虑再投资债券的期限，根据当前市场利率的变化，实现长短期债券配合投资。
- **经营风险**：在购买债券之前，就需要对债券的发行主体有一定了解，特别是购买的公司债券，利率相对较高但同时投资风险也较大。而公司的经营状况将很大程度上决定着到期是否能获得本金和利息。

如果在投资中忽略这些风险，会影响投资收益，因此它要求投资者在投资前可做一个风险预测与评估，对风险的预测与评估可根据自身投资经验、市场行情分析、同类比较、行业专家等得出相应的结论。

债市投资那些坑，千万要注意

投资那些坑，总有人掉过。在债市，希望你能不入坑，在债市除了投资风险，还有投资误区。哪些误区会常见，简单来介绍。

- **加息后再买债券**：一些投资者认为，因为利率和债券价格息息相关，所以如果在利率上升时购买债券，相当于抄底很划算。但事实是，一般债券价格对预期的加息行为会提前在市场中做出反应，从而在加息后并不会出现大幅度的波动，因此投资者可能错过最佳购买时机。
- **债券适合保守的投资者**：债券的品种较多，国债适合较保守的投资者，但是可转债的收益还是较高，适合风险偏好者。
- **购买债券不会亏损**：对于购买国债等低风险的债券，一般本金和利息都是稳定的，但是如果购买债券型基金、可转债等，本金还是会受到一定的影响。

为了避免掉入以上这些坑，债券的错误投资心理一定不能有，具体如下。

- **盲目跟风**：盲目听信来自于朋友圈或者同学圈的所谓内部消息，购买具有所谓高收益但是对于发行公司的情况一无所知的债券。
- **过于求稳**：只进行单一的投资，如国债。过分追求低风险低收益，错过一些投资机会，如债券基金。
- **高估自己的投资能力**：自身不是风险爱好者，偏偏喜欢投资如可转债等高风险的债券。

- **一味追求收益**：不从债券品种、债券风险、个人家庭资产配置、风险承担、投资比例等出发，只一味地看重债券收益，哪只债券利率高选择哪只，最终可能购买到不适合自身持有的债券。
- **投资模式固化**：债券价格和市场利率息息相关，市场是不断变化的，因此投资决策也应该不断变化，所谓变则通。

在进入债市时，除了防止入坑，投资时机的选择也很重要，简单介绍如下。

- **先下手为强**：在大量的资金进入市场之前，先进入市场，所以精明的投资者要在大家从众之前，抢先一步，避免在大量资金入市或者追捧某一债券后，债券价格被提高。
- **追涨杀跌**：债券价格的波动存在一定的惯性，涨或跌都有一段持续时间，所以在整个债券市场行情即将启动之前，买入债券，市场向下突破时，卖出债券。
- **关注利率变动**：债券价格受到市场利率影响，一般在银行调低利率前或在银行利率调高一段时间后买入债券比较合适。
- **关注物价变动**：一般当物价上涨的趋势转缓后，债券价格的下跌也会停止。如果有信息表明债券价格会回升，那么此时可以以较低成本购入，等待价格的回升，获取高收益，但前提是会回升。
- **买卖时机**：一般投资者在债券发行或者上市时购买，持有一段时期，在价格上升后，再将其卖出，可获得较高的收益。

如果投资机会选择得当，就能提高投资收益率，反之，投资效果就差一些，所以如同股票一样，低级投资玩产品，高级投资玩心理，债券投资也如此。当然以上的投资时机仅供参考，具体还需要根据市场变化，不断做出调整。

所以，对于债券投资来说，债券投资误区、债券风险、债券投资时机等因素都将是影响投资成功与否的关键。

债券的收益，你会计算吗

无论哪一种投资，最终都是为了获得相应的收益，债券投资同样如此。债券的收益一般可以用收益率来计算，而收益率又分为 3 种收益率，票面收益率、持有期间收益率、到期收益率。票面收益率是债券发行时的债券票面利率，当期收益率是在持有债券期间，根据市场变化，债券利息收入所产生的收益利率；到期收益率是将债券持有到偿还期所获得的收益，包括到期的全部利息。

那么，这 3 种收益的计算有什么区别呢？简单以案例说明如下。

张先生在某行购买了 19 国开 01 的债券，期限为 1 年，该债券为固定利率附息债券，发行额度不超过 3 亿元。债券起息日为 2019 年 1 月 8 日，到期一次还本付息，2020 年 1 月 8 日(节假日顺延)偿还本金并支付利息。债券面值 100 元，客户认购债券数量为 100 元面值的整数倍，票面利率 2.54%。根据 1 月 15 日银行间市场招标结果，续发行价格为 100.11 元/百元面值，续发行价格对应参考到期收益率为 2.4957%。

如上例所示，2.54%是票面利率，是在债券发行时就规定的利率，而 2.4957%为到期的收益率。在张先生持有的这一年当中，债券的收益为持有期间收益，适用于公式：持有期间收益率=（出售价格-购入价格+持有期间总利息）/（购入价格×持有期间）×100%。对于持有期的收益率计算，简单介绍如下。

李先生以 154.25 元认购了某类国债，在一年后以 148.65 元的价格出售，持有期间付息一次为 11.83 元，那么在此期间的收益率为：i=（148.65-154.25+11.83）/154.25×100%=4.04%。

债券收益主要来自于债券的利息收益、资本利得和再投资收益，债券的利息收益是发行时就决定的，而资本利得主要体现为一种差价，包括债券买入价与卖出价或买入价与到期偿还额之间的差额。而再投资收益是投资债券所获得的现金流量再投资的利息收入。而债券收益的高低主要由债券票面利率、债券的市场价格、利息支付频率和债券的持有期限等决定，具体如下。

- **债券票面利率**：债券收益与债券的票面利率成正比，票面利率越高，收益越大。
- **债券市场价格**：购买价格越低，卖出价格越高，投资者获得的差价收益越大，债券收益越大。
- **利息支付频率**：在债券的有限期间内，利息支付频率越高，债券的复利收益越大，反之，越小。
- **债券持有期限**：在其他相同条件下，债券的持有期限越长，收益越大，反之，越小。

在交易市场，在债券未到期前买入或在未到期前卖出，那么对于此种收益率的计算，则为：收益率=（卖出价-买入价）÷（持有天数÷365）÷买入价×100%。如刘先生购买了某一年期的债券，买入价为100.34元，卖出价为100.50元，在持有了 93 天后卖出，那么他可以获得的收益率为：0.16/0.25/100.34×100%=0.6378%。

国债小常识，了解一下

国债由国家发行，是中央政府为筹集财政资金而发行的一种政府债券，是中央政府向投资者出具的、承诺在一定时期支付利息和到期偿还本金的债权债务凭证。国债的发行主体是国家，因此信用最高，安全最好，本金和收益都具有一定的保证。根据不同的划分方式，可以划分为不同的国债，而市场上常见的国债则有凭证式国债、记账式国债、储蓄式国债、无记名国债等。简单介绍如下。

- **凭证式国债**：国家用填制国库券作为收款凭证的方式发行的债券。
- **记账式国债**：又称为无纸化债券，是由财政部通过无纸化发行，以电脑记账方式记录债券，可以上市交易的债券。
- **储蓄式国债**：也称电子式国债，是政府（财政部）面向个人投资者发行、以吸收个人储蓄资金为目的，满足长期储蓄性投资需求的不可流通记名国债品种。
- **无记名国债**：一般指在债券的票面上不记载债权人姓名或单位名称，而是以实物券面形式记录债权而发行的国债，又称实物券。是我国发行历史最长的一种国债。

根据财政部公示的 2019 年的国债发行计划，第一季度一共发行 33 只国债，其中 31 只为记账式国债、2 只为凭证式国债。

购买国债时需要注意的问题较多，在选择品种上，我们需要了解凭证式国债和电子式国债的不同，简单对比如表 7-2 所示。

表 7-2　凭证式国债与电子式国债的区别

项目	凭证式国债	电子式国债
申购手续	可用现金直接购买	需开立国债账户并在指定对应的资金账户购买
发行对象	个人机构都可认购	只能是个人，机构不能认购
付息方式	到期一次性还本付息	付息方式多样，可按年付息，也可利随本清
流通性	不能流通上市交易	持有半年以上，可以提前兑取、质押贷款和非交易过户

对于发行较多的电子式国债和记账式国债，同样简单区别如表 7-3 所示。

表 7-3 记账式国债与电子式国债的区别

项目	电子式国债	记账式国债
变现方式	只能在发行期认购，不能上市流通，但可以按有关规定提前兑取，且可以通过质押贷款变现	可以上市流通，可以在二级市场买卖
发行对象	只能是个人，机构不能认购	个人和机构都可认购
发行利率	财政部参照同期银行存款利率及市场供求关系等因素确定	根据记账式国债承销团投标确定
到期收益	收益固定，不受利率影响	除了到期利息还可获得在二级市场交易的差价收益
购买渠道	银行各网点购买	银行网点或者证券公司

对国债的品种有所了解后，就要了解一些常用的国债术语，如表 7-4 所示。

表 7-4 常用国债术语

项目	明细
公募	国家通过在金融市场上公开招标的方式发行国债。
承售	由金融机构承购全部国债，然后转向社会销售，未能售出的部分由金融机构自身承担。
溢价发行	发行价格高于债券票面金额，到期时国家只按票面价格还本付息。
折价发行	发行价格低于债券票面金额，到期时国家需按票面价格还本付息
国债逆回购	本质就是一种短期贷款，个人通过国债回购市场，把钱借给别人，获得固定利息；而别人用国债作抵押，到期还本付息
国债回购	以交易所挂牌国债，作为抵押，拆借资金的信用行为。

国债的收益和其他债券的收益一样，同样可以分为直接收益、持有期收益和到期收益，一般直接收益固定，持有期和到期收益会受到市场影响。

在对于国债的品种、术语、收益等进行简单了解后，再介绍一些购买小技巧，仅供参考。

- **购买账户**：第一次购买电子式储蓄国债，需要在购买前开通“国债托管账户”，该账户是网银专用于购买国债的账户。
- **购买渠道**：建议购买前先给银行的客服打电话确认一下，该银行是否支持网银购买。电子式国债一般可以通过网银购买，但并非所有的银行都可以用网银购买。
- **购买时间**：国债一般在当天 8:30 正式开售，而银行网点的开门营业时间多是上午 9:00，所以购买电子式国债大家最好登录银行官网，通过网银购买，一定要提前登录网银，防止到时人多登录系统缓慢。
- **购买后续**：购买后，要清楚自己每年的国债的付息时间，以及每年国债付息之后，是否可手动转入购买下一期国债实现复利增值。

当我们购买国债后，还要注意一个问题，如果想提前支取怎么办？以凭证式和电子式国债为例。

- **凭证式国债提前支取**：根据持有的时间不同，提前支取时计息利率不同，如持有时间在半年至一年，计息利率为 0.74%；持有时间在一年至两年，计息利率为 2.47%；持有时间在两年至三年，计息利率为 3.49%；持有时间在三到四年，计息利率为 3.91%；持有时间在四年以上，计息利率为 4.05%。
- **电子式国债提前支取**：持有时间不满 6 个月提前支取不计利息；6 个月到 2 年的会按照发行利率计算利息，但是会扣掉 180 天利息费用；2 年以上的，提前支取会扣除 60 天利息费用，还会收取本金千分之一的手续费。

由上可知，凭证式国债提前支取，相对来说更好一点，特别是在持有时间一年以上再提前支取的话，所获得的利率跟银行定存比起来差距不大。

债券基金怎么玩，一大波干货正在靠近

债券基金是什么？债券基金和货币基金有什么区别？

作为80后、90后甚至00后，你的手里有几只债券基金？

林某，25岁，在一家私营企业做设计，月税后收入为5475元，目前租房，每月房租800元，生活消费2000元，交通费支出400元，电话消费100元，其他支出500元。每月能存下1000元。

现在，他拥有活期存款2万元，定期存款3万元，还没有车贷、房贷的负担，因此没有任何的负债，风险承受能力中等。

最近有做股票、期货、外汇的朋友都建议他考虑投资，而他觉得风险太高，不敢尝试，而且也没有时间打理。年底的同学聚会后，在银行工作的老同学建议他购买债券基金，风险中等，收益也很不错，他有点动心，但是对于债券基金他只听过没接触过，还在观望中。

对于债券基金，一般可以从定义、分类、收益、风险、优缺点、资金配置等方面去理解。

债券基金是什么

债券基金简单说就是指专门投资于债券的基金，它以基金的形式，将众人的资金集中起来，将资金投资于债市，寻求稳定收益的基金。债券基金又被称为“固定收益基金”，我国债券基金的投资对象主要是国债、金融债、企业债。

债券基金分类有哪些

根据不同的资金投资比例，债券基金可分为纯债型基金与偏债型基金，其中纯债型基金不投资股票，而偏债型基金投资少量的股票。对于同一只基金有ABC这3种分类，A类一般是代表前端收费，B类代表后端收费，C类是没有申购费用。

债券基金收益怎么算

一般债券基金的收益和风险在股票型基金和货币基金之间，同时适用于公式：债券预期年化收益率=（到期本息和-发行价格）÷（发行价格×偿还期限）×100%。如刘先生以102元的价格购买了面值为100元、预期年化利率为10%的5年期国库券，根据相应公式，债券购买者的预期年化收益率=（110-102）÷（102×1×100%）=7.8%。

对于纯债券来说，收益主要来源于利息收入和买卖差价收入，而对于偏债券基金，收益主要来源于打新股和股票投资收益。

债券基金风险有哪些

债券基金的风险主要有利率风险、信用风险、通货膨胀风险等，这些风险将影响债券基金购买价格、到期收益、本息回收等。因为债券基金主要用于投资债市，所以债市的风险也是债券基金风险。当然还有股市风险，在下面章节我们会详细讲解。

债券基金优缺点

债券基金的优点主要体现在：通过组合投资，即使是普通投资者，也可参与银行间债券、企业债、可转债等产品的投资；当股市低迷时，债券基金的收益相对稳定，受市场波动影响较小。

债券基金的缺点主要在于：要想获得较好的收益，需要长期持有；相对于股票基金，股市高涨时，收益相对较低，当债市波动时，具有亏损的风险。

债券基金如何配置

在 2018 年，股市低迷，货币基金收益也接连下滑。据相关数据显示，截至 2018 年末，股票型基金、混合型基金去年全年平均收益率为-25.08%、-14.3%；而对于货币基金的七日年化收益率也由年初的 4.67%回调至年底的 3.43%。唯有债券基金走势良好。

那么，该如何配置债券基金呢？一般来说，债券基金适合风险承受中等，希望获得稳定收益的投资者。所以建议将债券基金作为一种中长期投资持有，如果持有时间较短，回报率不高，而且当行情不好时，可能出现亏损。

在当前的市场环境下，可考虑持有或者加仓一些业绩较稳定的债券基金，如债市调整后的一些信用债，前提一定是业绩稳健的债券基金。

此外我们还需要考虑债券基金购买成本，一般应尽量选择交易费用较低的债券基金，新发行的债券基金大多以销售费用替代申购费和赎回费。销售费用从基金资产中计提，交易时无须支付。

理财小贴士

债券收益率曲线是指在某一时间，反映交易债券的收益率和剩余期限之间的数量关系的一条曲线，一般通过直角坐标系表现出来，其中横坐标是债券剩余到期期限，纵坐标是债券收益率。

本章小结

当股市波动较大时，人们就需要转换投资场地，而如果想避险求高收益，那么债券是首选。以前人们总错误地以为，债券是中老年人的首选，然而事实是，债券也适合年轻人投资。

在债券市场，保守投资者可以找到保本稳利的产品，而对于稳健投资者，则一大波保本浮利产品，任君挑选，当然前提是，你得明白债券怎么样？债券产品有哪些？怎么才能玩得好，玩得对？债券风险肯定是必须要知道的，债券投资那些坑能避就避。当然，债券的收益是要会算的，不然，都不知道赚多少，买来要怎样？

当然，国债的小常识是必备的。不然，总有人还会说，国债是老人家的专选，国债适合一切想理财的稳健投资者。

如果你想在债市偶尔心动一下，债券基金一定要玩，除了玩债市，还可以打新股，股票再投资，稳收益之上升级高收益。

本章通过理论干货、数据实际、理财小技巧的模式，一层一层拨开债券的神秘面纱，让大家在债市的路上循环渐进，最终找到适合自己的债券产品。当然，还是那句话，没有最好，适合自己的才是最好的。

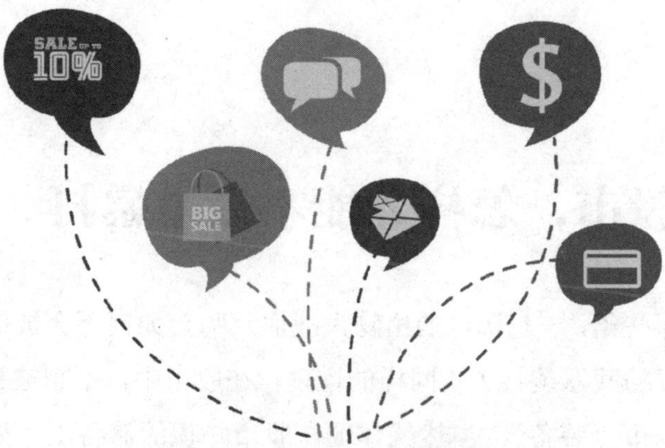

—— 工资理财：0到30万的财富积累 ——

第 8 章

股市投资，薪水以小博大也是有可能

人生就是一场博弈，我们要想实现理想，就需要不断地战胜挫折、战胜自己，才能用一颗成熟强大的心去面对生活的风风雨雨，所有的岁月静好，一定经历过拼搏与厮杀。

所以有时候，我们需要一些冒险来刺激我们的成长，比如理财路上的股市，股市风云变化，成者王败者寇，是望股止步还是勇往直前？是阻力还是动力？

即使三分天注定，还有七分靠打拼，所以作为工薪族们，同样可以以适当的薪水来以小博大，成功总是会青睐努力善良的人们，不试一试，怎么知道你不能在股市占有一席之地呢？

对于有的人来说，那些软肋不会成为弱点，反而会成为向前的动力，你呢？是退缩还是前进？

小白入股市，怎样才能不会被暴打

还记得那些年，一起玩过的植物大战僵尸吗？如何不会被僵尸吃掉？当然是要有打僵尸的武器装备了。同样的道理，在股市中，不想被暴打，必要的装备少不了。股市“装备”，当然就体现在股市知识的储备上，如股票定义、股票分类、股票收益、股市风险、股票术语等。

首先，股票定义少不了

股票简单理解是股份公司为了筹集资金而发行给股东的一种持股凭证，而股东凭借该凭证取得股息和红利。股票具有收益性、流通性、风险性、参与性等特点，相对于债券、基金来说，可以随时在市场转让，而且可以继承、赠送、抵押等，流动性较强，当然风险也最高。

其次，股票分类要知道

股票根据不同的划分方式可分为不同的种类，如我们常听说的 A 股就是根据股票的上市地点和所面对的投资者划分的。根据此划分方式，股票分为 A 股、B 股、H 股、N 股、S 股等，具体介绍如下。

- **A 股**：A 股的正式名称是人民币普通股票。由我国境内的公司发行，供境内机构、组织或个人以人民币认购和交易的普通股股票。
- **B 股**：B 股的正式名称是人民币特种股票。以人民币标明面值，以外币认购和买卖，在境内（上海、深圳）证券交易所上市交易的股票。
- **H 股**：公司在境内注册，在香港上市的外资股。

- **N股**：在我国境内注册，在纽约上市的外资股。
- **S股**：在我国境内注册，在新加坡上市的外资股。

除此之外，根据股票投资主体，股票还可以分为国有股、法人股和社会公众股。其中，国有股是国家以国有资产投资的股份；法人股是企业法人或具有法人资格的事业单位和社会团体，以其依法可支配的资产，向股份有限公司非上市流通股权部分投资所形成的股份；社会公众股是我国境内的个人或机构，以其合法财产向公司可上市流通股权部分投资形成的股份，是我们常见的个人投资的股票。

再次，股票收益要会算

无论是购买债券、基金还是股票，我们最关心的还是收益，对于股票的收益一般包括4个方面：股利、资产增值、差价收益、认股权证价值。其中，股利主要包括股息和红利；资产增值主要通过购买公司的资产增值实现，简单说就是手里持有的股票增值了；差价收益主要体现在股市交易中，低买高卖所得的差价收益；认股权证价值主要是对于一些股东，具有优先认购新股的特权，而特权的证明就是认股权证，在其有效期间，股东可以优先低价认购。

然后，股市风险要清楚

股市高收益，同样高风险，那么股市都具有哪些风险呢？风险及规避简单介绍如下，仅供参考。

- **市场风险**：市场风险主要受到政策、利率、购买力的影响，是股市中最常见的风险，与股票价格的波动息息相关，一般价格波动越大，市场风险也越大。投资人可以从公开的信息中，结合对国家宏观经济政策的理解，提前预测和防范，并适当调整自己的投资策略。
- **公司风险**：主要由上市公司带来的经营风险、财务风险、违约风险、道德风险等，这些都将对投资持有的该公司的股价产生影响。对于该类风险，投资者应对证券知识、国家政策、公司经营状况等进行了解分析，增强风险意识，提高抵御风险的能力。

- **交易风险**：简单来说就是在股市交易过程中出现的风险，如错过配股、买卖操作失误、保证金被挪用、股票被无理冻结等。而对于这类风险的规避，选择一家信誉好的券商很关键，同时，个人账户信息也要保管好。可经常登录开户证券公司网站和网上交易系统查询了解自己拥有股票的公告信息及账户资金情况，此外，还要储备证券知识。

除了如上常见的风险，股市还存在一些特殊风险，如地震、水灾、火灾等不可抗力原因导致股票市场无法正常交易带来的风险。此外还有股灾风险，即当股市的内部矛盾积累到一定程度受到刺激后，突发性的股价暴跌风险。

最后，股票术语能看懂

股市相对于债券、基金来说，更复杂，其专业术语也更难。对于小白们来说，如果不掌握一定的股市术语，很难理解股市及走势，常见的一些术语，简单介绍如下。

- **散户**：资金少，从事少量股票买卖的投资者。
- **大户**：资金实力雄厚、股票买卖量大且有丰富实践经验的投资者。
- **机构**：依法从事股票交易的法人，如证券公司、保险公司等。
- **庄家**：资金实力雄厚，持有某只股票 10% ~ 30%的股权，通过控制股票走势和股价变化而获取利润的投资者。
- **主力**：有很强的经济实力，可通过股票买卖来影响两个股市行情的投资力量。
- **牛市**：市场行情普遍上涨并延续较长时间的大升市，也称多头市场。
- **熊市**：市场行情普遍看淡、持续时间相对较长的大跌市，也称空头市场。

- **行情停滞**：指股价不涨也不跌，投资者持观望态度却不出手的现象。
- **建仓**：投资者预测股价将上涨而买进股票。
- **持仓**：保持手中的股票不买也不卖，等待时机。
- **斩仓**：又称“割肉”，指将买进的股票亏本卖出。
- **补仓**：以新的价格买入已有的某只股票，以增加股票所占比例，可降低平均成本。
- **黑马**：在一定时间内，股票的价格上涨一倍或几倍的股票。
- **涨跌**：每个交易日的收盘价高于前一交易日收盘价为涨，用“+”表示，反之为跌，用“-”表示。
- **填（涨）权**：指在股票除权后，股价上涨，将除权的差价补回的现象。
- **突破**：指股价经过一段时间的盘档后，产生一种价格波动的现象。
- **开盘价**：每个交易日的开盘价通常由集合竞价产生。对于集合竞价未产生最终结果的情况，沪深两市对开盘价都有不同的规定。
- **最高/低价**：指在当天的各种成交价格中最高（低）的成交价。
- **杀跌**：主力或庄家在股价下跌的过程中抛出股票，使股价继续下跌。
- **盘口**：在股票交易过程中，具体到个股的买进或卖出的5档或10档交易信息。
- **支撑线**：又称抵抗线，指股价在下跌过程中，做空头的投资者都认为已经有利可图而买进股票，使股价停止下跌甚至回升时的关卡。
- **零股交易**：指不足1手的交易。股市中买卖股票的最小单位是手，1手=100股，当卖出的股票不足100股时，可用零股进行委托，但买入股票时最低为100股。

除了如上常见的一些术语，还有其他一些股市术语存在，这里不再做详细讲解，小白们可以下来自行学习，所谓万丈高楼平地起，打好股市地基很重要。

看懂这四大指标，找到属于你的绩优稳健股

在众多只股中，如何判断一只股是绩优稳健的，一般可以从四大指标方面去参考，分别是 K 线、VOL 成交量、MA 均线、MACD 指标，简单介绍如下。

K 线又称蜡烛图、日本线、阴阳线等，K 线图包括开盘价、最高价、最低价、收盘价，所有的 K 线都是围绕这 4 个数据展开，如图 8-1 所示。

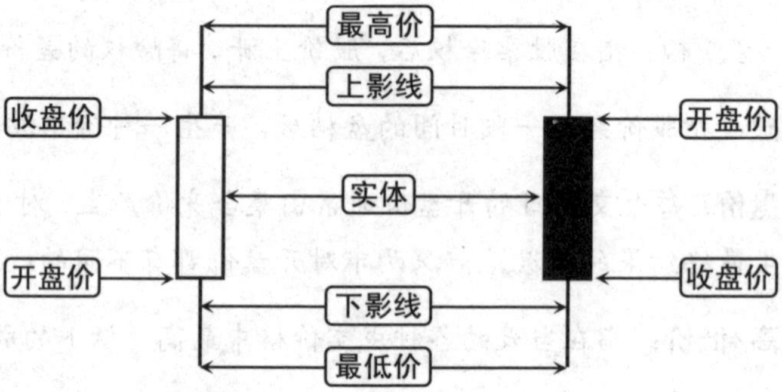

图 8-1　K 线图组成元素

根据 K 线的计算周期可将其分为日 K 线、周 K 线、年 K 线，当然有些行情软件还提供 5 分钟 K 线、15 分钟 K 线、30 分钟 K 线等，如图 8-2 所示为周 K 线图。

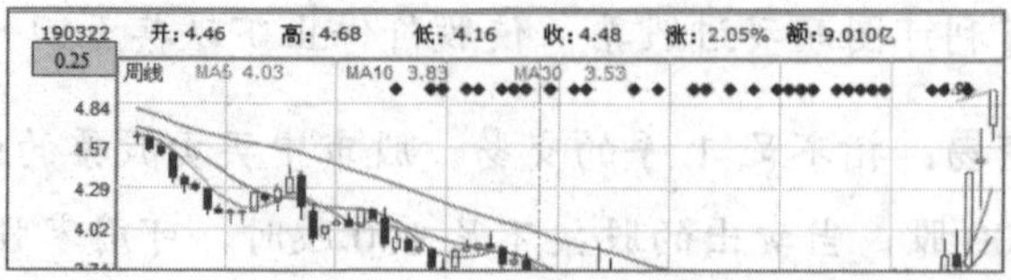

图 8-2　周 K 线图

VOL 是成交量指标，是当日实际成交量的反映，在形态上用一根立式的

柱子来表示。当日当时的成交总数是左面的坐标值与柱子的横向对应处，当日的收盘价大于等于前一日的收盘价，成交柱呈红色，反之是绿色，如图 8-3 所示，图中绿色柱子对应的成交量为 109964 手。

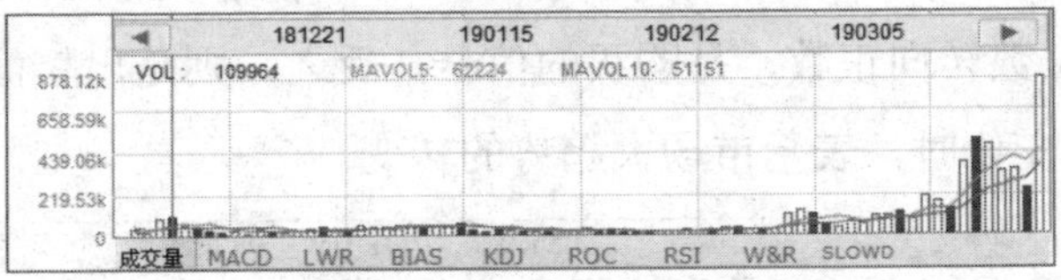

图 8-3　VOL 成交量

一般“量为价先导”，量是价的先行者。股价的上涨，离不开量的配合。成交量的增加，意味着换手率提高及平均持仓成本上升。如果投资者选择短线操作，可选择带量的股票。

MA 均线，简单地说就是移动平均线，它是将一定时期内的股票价格加以平均后，将不同的平均值连接起来，用以观察股票价格变动趋势的技术指标。常分为 5 日、10 日、30 日、60 日、120 日和 240 日移动平均线，其中 5 日和 10 日是日均线指标；30 日和 60 日是季均线指标；120 日和 240 日是年均线指标。如图 8-4 所示，其中橙色、紫色、蓝色分别代表 5 日、10 日、30 日均线。

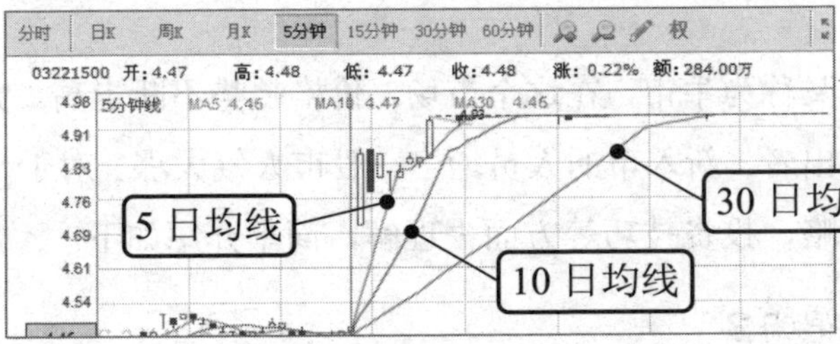

图 8-4　MA 均线

当股民在选股时，移动平均线可作为一个参考指标，如果股票价格高于移动平均线，购买信号就有了，反之，则是出售信号。

MACD 指标是利用收盘价的短期（常用为 12 日）指数移动平均线与长期（常用为 26 日）指数移动平均线之间的聚合与分离状况，对买进、卖出时机作出判断的技术指标。

如图 8-5 所示，MACD 指标是红绿柱，其中 DIFF 是灰色线，DEA 是橙色线，而根据 DIFF 和 DEA 两线离合的变化，MACD 呈现正数和负数的变化。当 MACD 从负数转向正数，是购买的信号，反之，则是出售信号，当 MACD 呈现大角度的变化时，表示市场大趋势的转变。

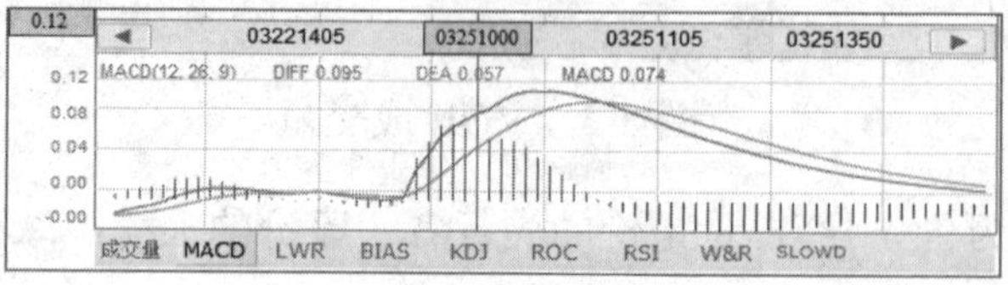

图 8-5　MACD 指标

一般来说，当 DIFF 和 DEA 处于 0 轴以上时，属于多头市场。反之，属于空头市场，而股民们应根据市场变化及时调整投资策略。

“牛魔王”来发糖，牛市了解一下

多头市场又称为牛市，在这个市场，价格趋势不断走高。大涨小跌，股票买入者大于卖出者，新入市的人员增多，股市人气大涨。对于牛市一般可以从特征、投资策略、投资技巧等方面去理解，简单介绍如下。

牛市特征很明显

牛市的到来，在股市都会呈现一种明显的特征，可总结如下。

- 即使是小型股也出现不断涨势。
- 利多消息不断传来。
- 个股将指数节节推高。

- 股价小幅回档再大幅上扬。
- 新户、大户、机构不断入市买进。
- 移动平均线均呈多头排列，日、周、月、季线呈平行向上排列。
- 整个经济形式明显好转。
- 本地和周边的股市同步上涨，区域经济活跃。
- 其他。

投资策略想一想

在整个牛市市场，一般可采用五大策略，买套、追涨、跟庄、换股、守仓，简单介绍如下，仅供参考。

- **买套：**一般在多头市场中，会出现创新高，每次回调对于投资者来说都是获利的机会，因为回调幅度小、时间短，所以如果主动买套可以在一定程度上避免上升时买进的风险，又为以后的上涨打下基础。
- **追涨：**简单来说就是在股价上涨时买入，但此时成本较高，如果此时在某一板块区域个股成交量异常的放大，那么此时可能有庄家在关注或者领头，此时可追涨，当然投资者要理性地分析该情况的真实可靠性。
- **跟庄：**作为散户跟庄要有一定的技巧，否则不仅不能获利，还可能被庄家吞噬，因此，散户可从基本面、股市政策和技术面来理解庄家的意图。此外，选对跟庄时机也很重要，一般在个股已经在低价位盘整了很长时间，成交量突然放量，且股价向上突破前期盘整高点时，为最佳的跟庄机会。
- **换股：**换股的前提是，投资者已经考虑好新换的股票有更值得的利润，换新股时要求投资者快、狠、准。
- **守仓：**简单说就是手中持有的股票不变，直到获利终结，这种策略要求投资者具有良好的眼光及坚定的信念，就好像看见路过的美女帅哥，你不会冲上去扫一扫加微信。

投资技巧来报道

虽然在牛市具有较大的获利机会，但并不是所有人都能在牛市获利，除了常见的牛市策略外，根据牛市的不同阶段，可参考一些小技巧。

- **牛市第一阶段**：大多数股票从空头市场过渡而来，股市指数升幅较大，此时投资者可在观望中，选择那些高风险或者小型成长期的股票，从大跌中摆脱出来或者降低购买成本，等待下一阶段高涨的到来。
- **牛市第二阶段**：股市明显好转，股民们对于市场前景乐观，总的大市良好，投资者可将资金投入一些成长股。相对来说，小额资本企业的成长性更具有优势，也能使股价攀升更快更高。
- **牛市第三阶段**：大多数股票上升趋势稳定，只有极少数的股票还在继续上升，此时可卖出一些次等成长股，购买一些绩优成长股或者套现，在此阶段，股民买卖股票需要做出选择，需要为空头市场做好准备。
- **牛市第四阶段**：对于求稳、风险承受能力低的投资者，此时股票上涨已经稳定了，只有绩优成长股和少数股能继续上升，所以将手里的股票变现脱手比较好，脱手后可投资于债券、基金、银行理财等。

在牛市中，投资者需要能够对各种分析工具和指标进行运用，对市场和个股能进行简单分析，对那些龙头股、强势股、大量股等重点关注。

前方“熊孩子”出没，熊市要当心

熊市是与牛市相反的一种股市，也被称为空头市场。在该市场，投资者纷纷抛出手里股票，价格不断走低，大跌小涨。

对于熊市我们同样可以从特征、形成原因、投资策略等方面去理解，简单介绍如下。

“熊孩子”怎么出场

熊市的到来，在股市会呈现一种明显的特征，具体可总结如下。

- 投资者疯狂入市，市场普遍看好，是来临的前兆。
- 股市行情纷纷跌停。
- 股市成交量放大，股价却滞涨。
- 股市动荡，股民纷纷抛售，股价下跌。
- 周边市场纷纷下跌。
- 其他。

“熊孩子”怎么来的

“熊孩子”当然不是石头缝里蹦出来的，是爱的结晶，但股市这个“熊孩子”可不是那么可爱了，主要来源于三大方面，简单介绍如下。

- **第一阶段**：在多头市场的最后阶段，股民们大量出货，股价不涨反而有下跌的趋势。
- **第二阶段**：此时，股民开始恐慌，入市者退缩，出市者急于套现，股市价格下跌趋势加速到跑火车。
- **第三阶段**：此时，低价股已经把多头市场的盈利跌出，而绩优股持续下跌，股民还在抛售手中股票。

股市在坏消息完全来临之前，空头市场已经过去了，也意味着最恐怖的狂跌阶段已经过去了。

“熊孩子”怎么治

在熊市里，少亏钱，才是投资的高境界。可从如下几方面考虑。

- **平衡两市**：牛市时，在股票的上涨阶段及时从中获利。当熊市来临时，如有必要可平仓，及时止损。
- **设置止损点**：在熊市中设置一个固定亏损点很重要，如果股价跌过这个点，不要犹豫，即使亏损也要抛。当在牛市时，设置一个止盈点也很重要，到达两点，严格执行。
- **适时建仓**：如果大盘主跌或阴跌很久后出现暴跌，对于看好的股票可适当建仓。
- **考虑空仓**：股市高手常常会选择追涨杀跌，但是对于股市小白来说，比较难操作，对于热点也难以把握。此时熊市来临，大多股票大幅下跌，涨幅股票较少，空仓比较有利。
- **行情分析**：股市最多投机者，而投机者往往会通过一些操作去影响股市行情，所以对于股市大涨的行情要理性分析。是投机者所为还是牛市到来，判断是否为真实行情，理性决定是入市还是出市，如果成交量增加，指数反而不看好，那么可能是炒家和散户换手。

总之，在熊市，一般不建议对任何的股票进行操作，无论是短线还是长线操作。在熊市我们更多注重选股的质量，持有或者卖出一只绩优股很关键。

小白们，选好你的第一只股

似乎身边的朋友人人都在玩股，大涨人欢喜，大跌呢？刚在牛市得了糖，一不小心遇见熊市“熊孩子”，怎么办？

不管是哪一种市场，选股质量很重要，特别是你的第一股。

在牛市中，小白们该如何去选择自己的第一只股呢？在牛市中绝大多数股票都处于上涨趋势，那么如何选到一只相对较好的股票呢？简单建议如下，仅供参考。

- **涨幅高价区：**在牛市，股票上涨程度会从缓慢到加速。当加速上涨后，涨幅会达到最高。当涨幅超过50%，就进入高价区，在高价区卖出是较理想的，买入的话相对成本较高。
- **主力资金介入多少：**对于散户来说，通过判断主力资金介入量来确定该只股票是否持有。一般没有主力资金介入的股票可选择性的放弃；当主力资金的介入较多并且强悍时，可考虑建仓；当主力已经坐庄，此时风险较高，出手要慎重。
- **板块呼应程度：**在牛市中，如果某些板块的呼应程度很大，说明该行业的股票属于潜力股，即使在最高点介入，被套牢的可能性较小。前提是该行业前景良好，有潜力。

在牛市中，不同的投资者选股策略是不一样的。

张先生是一位稳健的投资者，如果他想在牛市中选股，那么心态要平稳，不因小诱惑而波动，可以坚持到牛市的涨幅最高点，满仓介入一些潜力股。

刘先生是一位冒险主义者，如果他要在牛市中选股，一般可采用低买高卖，但不建议完全空仓，可满仓介入一些强势股。

熊市来了，小白们该如何与“熊孩子”和平相处呢？如何在熊市中选到一只优质股呢？简单介绍如下，仅供参考。

- **低于主力资金介入成本：**在熊市中，主力资金介入较少，但是如果能看准时机，以低于主力资金的成本价介入，还是有获利的机会的。

- **暴跌后有反弹趋势**：当熊市已经持续一段时间，整个股市的股票下跌的趋势开始缓慢，如果此时能把握时机，选择一些无再跌可能的股票，根据此类股票存在的反弹机会，介入等待。
- **前景良好**：对于该类股票，适合股民们中长期持有，且在牛市中受到广泛追捧，比如一些绩优股，当熊市来临时，也存在下跌的情况，此时选择该类股票，根据时机，低价购入，静待牛市，也不失为一种良好的选择。

无论是在牛市还是熊市，在一些情况下，小白们是不适合选择持有第一只股的，简单介绍如下。

- 大市无明显优势。
- 股票发行公司前景不佳。
- 关于股票的上涨、热门、潜力等信息来源不可靠。
- 短期内连续暴跌的个股。
- 个股的上升空间低于 30%。
- 还未明确自己的风险承受能力。
- 情绪不稳。
- 其他。

虽然我们不是股市大神，能稳买稳卖，追涨杀跌玩得风生水起。但是作为股市小白，要想选一只适合自己的个股，也并非难事，只要打好基础，步步为营，简单说就好像我们做生意需要一进一出，买卖时机很重要。当然风险也是不能忽略的，股市投资更需要理智、勇气与担当，好比做人。

第一步走起，选好券商开个户

作为工薪族，收到每个月的工资，我们需要一个公司规定的银行卡账户。炒股也一样，要想成为炒股大军中的一个小股民，一个股票账户少不了。

第一步也是最关键的一步，选一个好券商很重要，那么如何看券商好坏呢？几点建议，仅供参考。

首先，证券公司规模大小

在我国，不管是上交所还是深交所都实行会员制，而证券公司就是其会员组成成员，并且拥有其交易席位。所以作为股民们，如果想拥有交易席位，就需要在证券公司开户，使用其中的交易席位。华泰、中信、国泰君安等都是一些大券商，尽量选择规模大的券商，排名前十或评级 AA 的是首选。

其次，交易佣金多少

在股票的交易成本里，印花税和过户费根据国家规定，券商无法干预。而交易佣金，不同的券商存在着差异，现在一般大券商开户都是万三的佣金。即买 1 万元的股票，要交给证券公司 3 元的佣金，不过还是可以联系客户经理进行适当的调低，特别是交易频繁的客户可以和营业部进行商谈。一般作为大券商的新开营业部的佣金相对较低，可以商谈，而一些老营业部调低佣金的可能性较低。

再其次，客户经理优劣

股市中的客户经理在股市遇见问题的时候能够专业、及时地给你提供服务，这就要求券商的客户经理要优，能够谈判佣金，并且得到及时的信息。

最后，券商 APP 体验度好坏

随着各种 APP 的出现，券商也不断地推出自己的线上 APP，可选一到两家进行试用，选择体验度较好的券商，当然能选择一家低佣金的线上营业部最好，家附近的新设营业部也是不错的。

对于小白们来说，选择一家投资能力及交易量强大、佣金较低、APP 好用的券商是最理想的。各大券商各有优劣，可以多对比，或者接受行业推荐。

当在券商那里开户以后，可以带上相应的资料去银行办理第三方托管，办理完成以后，就可以下载开户券商的交易软件，登录自己的账户，在分析行情的基础上，买入自己看中的股票。股票买入是一手起，在交易软件里输入相应的股票代码后，系统将自动计算你能买的最大股数和股票价格。

理财小贴士

券商是指经营证券交易的公司，或称证券公司。证券公司分为 A（AAA、AA、A）、B（BBB、BB、B）、C（CCC、CC、C）、D、E 等 5 大类 11 个级别。目前仍无券商获评 AAA 级这一最高级别。

套牢小白，怎么来解套

在股市中，我们常听到套牢一词，怎么理解套牢呢？套牢简单说就是股民们进行股票交易所遭遇的交易风险。如张先生预计股价将上涨，但是买进后，股价却一直呈下跌趋势，这是套牢。当李先生预计股价将下跌，将所有股票卖出，但股价却一直上涨，这也是套牢。

套牢一般包括价格套牢和价值套牢，买入股票后，股票的价格始终低于买价，那么投资者卖出股票后，无法保本，如果继续持有可能损失更重，这就是价格套牢；而买入股票后，该股票带来的投资收益仍低于同期的银行存款收益，这就是价值套牢。

而对于套牢一般常出现四种情形，简单介绍如下。

- **价格与价值同时套牢**：此时，对于股民来说，无论是继续持有还是出货都两难。股民既不能无损失地抛出，长期持有回报率又不高，一般常出现在股票的高价区。
- **价格套牢价值非套牢**：此时，股民卖出股票，将会损失本金，若长期持有，收益比银行利率高一点。
- **价值套牢价格非套牢**：此时，股票的投资价值很小，长期持有投资回报率低，但是因为股价未被套牢，随时卖出股票都可收回本金，且还可以取得一定的差价收益。
- **价格与价值都非套牢**：此时，股民们无论是持有还是出货都不会出现亏本，此时股票的投资收益也高，并且获得的差价收益也不错。

面对股票被套牢，我们不能被动挨打，我们要寻找解套的方法，几个小方法介绍给大家，仅供参考。

- **止损解套**：一般适用于熊市初期，下跌刚开始，股票成本和现行股价差异不大，此时果断斩仓，可以避免更多的损失。
- **摊平解套**：当股票一路下跌，仍持有手里的股票未卖出，同时以更低的价格买入相同的股票，从而使总体的持股成本降低，等待股价回升，争取解套的机会。
- **波段解套**：波段解套主要利用个股波段运行的特征，通过股价的上下波动，利用波差来解套，在高价位时卖出，在低价位时买入，这要求投资者具有一定的专业能力及实操经验，同时时间、精力也要足够。

- **拔档解套**：拔档解套要求股民对于股票操作的时机把握要准，当股票的价格被套牢，经分析股价仍要下跌，此时在股价的高位卖出。股价下跌受阻，即将反弹时，在较低位买入，然后迅速在反弹过程中卖出，通过获取差价来弥补上次亏损。使用该解套方法，风险较高，并要求股民对股价的下跌和反弹具有精准预测，否则极易亏本。
- **做空解套**：该方法一般适用于熊市中期，投资者将手中的股票全部做空卖出，等到大盘见底，在底部低价买入，然后等到反弹，该种方法要求股民能对市场能否反弹，反弹幅度能弥补的做空损失大小进行精准预测。否则，将造成极大的损失，该方法同样风险极高。
- **换股解套**：选择性的将一些不活跃、盘面较大、缺乏潜力的个股择机卖出，将资金用于投资一些有主力资金介入或者新庄入驻，未来可能形成板块热点或狂涨黑马的个股，实现资金解套。这同样要求股民具有一定的投资眼光及行情分析能力，通过更新自己的投资组合，及时地将一些价值套牢的股票解套出来。

小白们在解套时要注意，并不是所有的解套方法都适合自己，有的解套方法好用，但是自己不一定会用，即使会用，不一定能承受风险，所以一定要从实际情况出发，选择最适合自己的解套方法。

网上炒股，你需要注意的事儿

现在我们的工作、学习、生活，大多可以在网上进行，方便、快捷。唯一令人担忧的大概是安全问题了，炒股亦如此，现在我们再也不用去交易所买卖，一网搞定，在网上进行股票买卖时，都有哪些需要注意的事呢？

- **交易密码设置**：如同其他的账户一样，交易密码的设置很重要，它直接关系到我们的资金和股票安全，一般密码不要设置得太简单，比如出生年月、电话号码、幸运数字等，同时还可以定期修改。
- **输入信息准确**：在网上输入买入或者卖出的相关信息时要准确，可多次核对。根据相关协议，一般个人输入的错误信息，给自身造成的损失，券商不负责。
- **确认买卖指令**：网络运行会存在一定的不稳定性，当你个人的电脑或手机显示委托，再次发出指令后，券商收到了两次委托，可能造成股票的重复买卖；有时网络显示已经委托成功，可券商却未收到其指令。所以每次委托操作后，及时查询交易很关键。
- **交易系统及时退出**：当你操作完毕后，如果不及时退出，可能会被家人或者同事误操作。如果在公共场所，更需要及时退出，保证安全。
- **电话委托有必要**：当网上交易遭遇系统繁忙时，可能不能实现正常的登录，错过购买或者卖出的最佳时机，此时电话委托就将发挥作用了。
- **手机炒股需注意**：手机炒股存在一定的安全漏洞，包括服务提供商的安全性问题；个人手机使用如果不注意，如保留客户交易账号，登录后不及时退出，手机丢失将给用户带来隐患；此外还有手机病毒。
- **系统数据理性看**：对于系统提供的数据，根据其数据统计的方式不同，系统交易的成本价可能出现偏差，因此不能过分依赖系统数据。
- **网络防毒有必要**：如果电脑、手机缺少必要的防黑防毒软件，一旦中毒，将导致个人数据泄露，为个人带来财产损失。

当然，一般券商会联合网络公司，给股民用户提供一些优惠，如赠送上网时间、流量、免开户费、佣金优惠等，在选择券商开户时，可将其考虑在内。

手机炒股已成为电话委托、网上交易之外的第三种非现场交易方式。手机炒股可以随时随地看行情。当股民使用手机炒股时，每次交易前都需要输入相关密码，一定程度上增加了交易安全性。但是手机炒股为非现场交易，所以手机一旦丢失，应及时更改密码。此外，手机炒股软件在安装时，可能会附带一些捆绑软件或定制短信，不要轻信虚假信息，特别是看涨信息。

估值选股七要诀，送给你

估值选股简单说就是寻找价值被低估的公司，也可以理解为潜力股。现在上市公司很多，在所有的上市公司里去选择相当于大海捞针，作为一名股市小白，可以根据一些公开信息去对应选择，如一些权威的营业部或者证券报给出的研究报告，可以大大地缩减选股公司范围。看下面一个例子。

李先生，根据证券报里提到的 A 上市公司，关注到 A 公司在近期做了季度的业绩发布会，公司的负责人对于股民们关心的股价上涨趋势是否还能持续的问题，说道："我们很难评价我们的股价，这是由投资者决定的，判断一家公司好坏，投资者会看 PE 和增长情况，或者看 PEG 指标。现在我们的 PE 大概是 11 倍左右，我们的增长大家可以看得到。不考虑科技因素以及其他未来因素，就用金融的 PEG 来算，在市场上也很难找到"。

而李先生当即就对 A 上市公司的 PEG 做了估算，根据报告显示，当时每股收益为 2.43 元，预估每股收益最大为 4.8 元，市盈率大约是 12 倍，盈利增长率为 20%，根据预测，合理股价应为 80 元左右。

如上例所示，就是根据相应的数据，进行估值选股的一个过程，但我们需要注意的是，在运用相关数据进行分析时，都是一种预估状态，并且在风险可承受力内做了保守估计，当然市场大环境也需要考虑。

并不是看似数据可观的上市公司就适合，选择也需要有一定的技巧，几条小建议介绍给大家，仅供参考。

- **第一**：选择在研究报告中提到，并且自己熟悉或者能了解到相关信息的行业，对自己不熟悉的板块或者行业建议慎重。
- **第二**：对于相关报告中，股票的未来定价的预测要理智，这种预测只是一种推算，作用不大，不能作为行情分析依据。
- **第三**：客观地看待关于公司的业绩增长，特别是业绩预测，一般由研究院统计分析得到，主观性比较大，需要自己去核实。
- **第四**：在对公司业绩认可的基础上，还需要对公司所处的行业进行分析，是朝阳产业还是其他，进一步验证股价上涨的可能性。
- **第五**：对于研究院的股票估值，仅作为参考，最终还是需要自己对股票进行估值，降低投资风险。
- **第六**：不能片面地以成交量作为股价涨跌依据，有时候可能是主力的陷阱。相对来说，量的趋势很重要，如放量的趋势和缩量的趋势，对于趋势的判断需要对股市前期走势、股市变化状态等进行分析。
- **第七**：一旦选中某股，需要对盘中交易情形进行了解，如是否有主力介入，主力走势等，根据盘中情形进行一个大致推断，从而在合适的购买时机买入，千万不要买到相对高位。

对股票的筛选，是小白们的一个基本功，同时需要理论以及实操经验积累，才能走得稳当。

理财小贴士

PEG 即市盈增长比率，它是 Jim Slater 发明的一个股票估值指标，从 PE（市盈率）发展而来，在一定程度上弥补了 PE 预估的不足，一般常用计算公式是：PEG=PE/(企业年盈利增长率×100)。

本章小结

股市有风险，入市需谨慎，但如同人生中需要经历那些风风雨雨才能成长，那些选择的路，只有走过后才知道合不合适，风险承受能力高就一定适合股市吗？风险承受能力低就不能进入股市了吗？还是那句话，适合很重要。

选择一条适合自己的理财路，选择合适的理财工具，选择进入合适的理财市场。入股市，如同大海行舟，即使有狂风暴雨，只要航船牢固，有灯塔指引，总不会一下就掉进海中。

本章从股市基础说起，从小白入股市所需要的基础装备，如股市定义、收益、风险、术语等着手，一步一步开始实操练习。如何选到一只绩优股？牛市、熊市如何操作？小白们的第一只股怎么选？开户券商有差别吗？被套牢了，怎么办？网上炒股有哪些需要注意的？估值选股有没有小绝招？

本章通过理论+分析+实操的模式，一步一步从理论到实践，将复杂的知识简单化，让小白们知道，股市没有想象中的那么难，只要打好基础，看准时机，多分析行情，多了解市场，还是能降低投资风险的。

总之，投资股市，一定要理智，切忌冲动盲目。

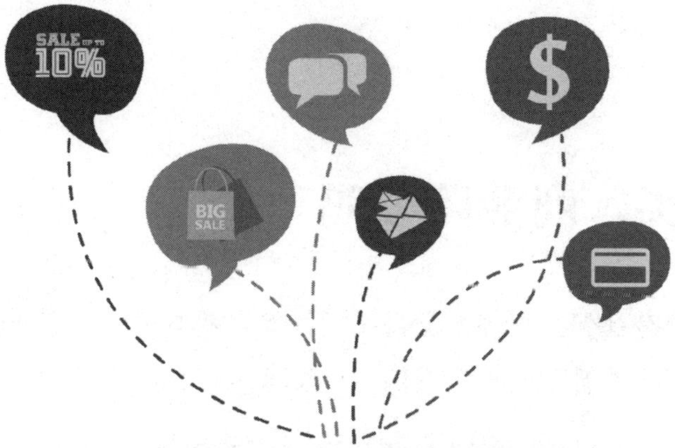

—— 工资理财：0到30万的财富积累 ——

第 9 章

即使工资少，保险少不了

某一天，当你接到一个电话，对方告诉你说他是某保险公司工作人员，你会不会挂断电话？

某一天，你在朋友圈看到，大人或者孩子躺在病床上，家人为其众筹医药费时，你心里有没有打鼓？

保险这个词，经常会提到，“他”并不是你耳边的过客，“他”是生病时昂贵的医药费，是意外发生时留给家里的一笔储蓄，是年老时的一份生活尊严。这一生，你不离，“他”必不弃。

保险的本质是为未来的风险买单，所以需要提前规划，对于工薪族来说，即使工资少，适当的保险少不了。

社保已买，商业险要吗

工薪族都有社保，很多人觉得买了社保，就不用购买商业险了吧？但是，社保真的够了吗？看下面一个案例。

李先生毕业 5 年，毕业后在一家外资企业做审计，去年结婚，现在宝宝 1 岁，前段时间，宝宝生病，在某医院住院治疗了 10 天，总计药费 6313.46.宝宝有少儿医保，报销了 3030.46 元，剩余 3283 元未报销。

通过报销单，他看到很多费用，社保是没法报的，最后他通过给宝宝购买的商业险，将剩余的 3283 元全部报销了，且还根据每天 200 元的住院津贴，额外补助了 2000 元。

通过上例所示，对于家庭来说，有了社保远远不够，社保只能报销一部分，而商业保险能在某种程度上，弥补社保的不足。

对于商业保险，一般我们可以从定义、特色、种类和与社保的差别等方面去理解。

首先，商业保险是什么

商业保险，简单来说是通过订立保险合同，以营利为目的、由专业的保险企业推出的各种保险品种，投保人根据合同约定向保险公司支付保费，而保险公司根据合同的约定，当保险事故发生后，根据约定承担损失赔偿责任。

其次，商业保险特色

商业保险的经营主体是各大商业保险公司；商业保险具有保险合同，保险合同中体现了各种保险关系；商业保险保障的对象为人的身体、生命、家庭财产及财产相关；各大商业保险公司都是以盈利为目的。

然后，商业保险种类

商业保险常分为财产保险、人寿保险和健康保险，其中财产保险包含机动车保险、企业财产保险、家庭财产保险等，而人寿保险和健康保险根据不同的划分方式，可以分为不同的种类。常见的如人身意外险、重疾险、少儿险、教育险、养老险等。

最后，商业保险与社保的差别

商业险和社保是具有差异的，两者相互补充，如表9-1所示。

表9-1 社保和商业险的区别

项目	社保	商业险
性质不同	具有保障性，不以盈利为目的	具有经营性，以盈利为目的
建立基础	建立在劳动关系上	建立在合同契约上
管理体制	政府职能部门管理	商业保险公司自主管理
对象不同	劳动者	具有年龄限制的自然人
变现方式	期满后，被动领取变现	保单贷款或者降低保额变现
资金来源	来源于国家、企业、个人	投保人本人
保费缴纳	按月缴纳	一般月度、季度、年度都可以
养老领取	社保的养老，必须连续交费15年后，到了法定的退休年龄才可领取	时间长短自己决定，早买早享受，自己安排
保费豁免	无	重大疾病和投保人交费豁免功能

商业险和社保的差异，对于工薪族来说，最大的优势在大病的赔付上，相对来说，社保赔付比例较低，而商业保险的赔付很高，有些甚至能全额赔付。

怎样选择满意的保险公司

目前市场上大大小小的保险公司很多，那么，如何选择一家靠谱的保险公司呢？一家保险公司的好坏，一般可以从偿付能力、保单投诉量、信誉度等方面着手考虑，简单介绍如下。

保险公司的偿付能力简单来说，就是保险公司偿还债务的能力，即在任何情况下，保险公司能否偿还投保人的能力，我们该如何去看保险公司的偿付能力呢？

一般登录保险公司的官网就可以查到，如图 9-1 所示，通过“首页—公开信息披露—专项信息—偿付能力”路径，在打开的页面中即可查到最近年度的偿付能力报告摘要，对该保险公司的偿付能力高低进行判断。

图 9-1　查询偿付能力

根据偿付能力充足率计算公式：偿付能力充足率=保险公司的实际资本/最低资本×100%，一般保监会要求保险公司的综合偿付能力充足率必须大于100%，在150%~200%算良，200%以上才算较好。

保险公司保单的投诉量，就好像我们网上购物看到的好评差评，在某种程度上，能直观地告诉我们用户体验。那么，我们该如何去查询保险公司的保单投诉量呢？

登录保监会官网，通过“首页—消费者保护—工作动态”路径，在打开的页面中单击需要了解的保险公司的消费投诉情况对应的超链接即可，如图 9-2 所示。

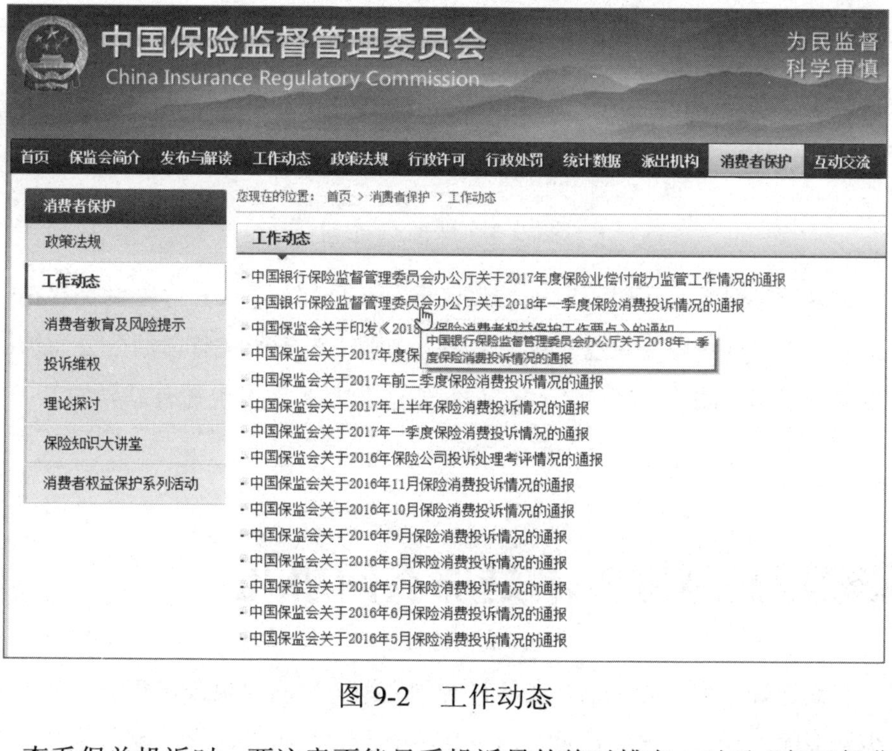

图 9-2 工作动态

查看保单投诉时，要注意不能只看投诉量的绝对排名，对于“亿元保费投诉量”和“万张保单投诉量”也要同时关注衡量。

而对于保险公司的信誉度，同样可以在保监会的官网进行查询，通过“首页—行政处罚—保监会处罚”路径，在打开的页面中即可查看到相应的信息。如图 9-3 所示。

图 9-3　保监会处罚

如果一家保险公司时不时地被保监局行政处罚，那么其信誉度是存在一定问题的。查询时同样要注意，除了关注总公司，对于所在省市的分公司情况也需要进行了解，同一公司的不同分公司的经营服务水平也是有差异的。

保额越高越好？不是那么回事儿

当你选好一家保险公司，在签订合同之前，你问保险公司营销人员：保额多少合适呢？10 万、50 万元、100 万哪个合适？他告诉你：越高越好！那恭喜你，可以换一个保险代理人了。

保额并不是越高越好，但是如果不足额投保，那也是没有意义的。保额，是保险金额的简称，是保险人承担赔偿或者给付保险金责任的最高限额，也是保费计算的基础。

不同的险种，保额该如何来确定呢？以常见的寿险、重疾险、意外险为例简单介绍如下。

- **寿险保额确定**：寿险的保额是根据家庭的经济责任确定，如房贷、孩子教育费用、父母赡养费、预留生活费等，确保一旦意外发生时，这些费用能够正常支付，不影响家庭生活。一般保额建议在 50 万元以上，100 万元比较理想。

- **重疾险保额**：重疾险的保额需要考虑到治疗费用、康复费用、收入补偿等，一般 30 万元是一个最基本的保额，考虑到通货膨胀等因素，50 万元以上比较理想。

- **意外险保额**：意外险是对于寿险保额的一种补充，一旦发生了意外事故，可以获得意外与寿险的双重赔偿。一般保额建议在 50 万元以上比较理想。

对于保额的确定，特别是寿险，还可以根据一种生命价值法来计算，简单以案例形式说明如下。

李先生今年 25 岁，目前年收入 15 万元，房贷每年 3 万元，需要偿还 20 年。关于收入，每年自己花掉 5 万元，10 万元用于家人开支，如果他 65 岁退休，为了便于计算，暂不考虑收入和支出在未来年度中的增长，以及货币的时间价值。

根据生命价值法，王先生的生命价值是：（65 岁−25 岁）×（15 万元−5 万元）= 400 万元。那么 400 万元可以作为最高保额参考。从遗产的需求角度，王先生的生命价值是：3 万元 × 20 年+7 万元 × 40 年=340 万元。

从上例可以看出，在不考虑利率、通货、收入支出的增长变化的基础上，综合两种方法，他可以确定的寿险保额为 340 万元~400 万元。

保额不是静止不变的，它需要根据家庭不同的需求进行适当的调整，随着生活水平及收入的增加，可以进行适当的提额。

一个家庭该拿出多少金额购买保险呢？我们常听说“双十定律”，即保费的支出比重应为家庭年收入的 10%，这 10%仅作为参考，有的家庭 20%才合适，有的家庭 5%就够了，最终还是需要根据家庭的实际收入和需求来定。

理财小贴士

保费是保险费的简称，是指投保人签订保险合同时，根据相应的保险费率向保险公司交付的费用。主要由保险金额、保险费率、保险期限构成。

保险金三角，你不知道的事儿

保险是以合同的形式体现，也以三角形式体现，这三角便是投保人、保险人、关系人，其中关系人又包括被保险人和受益人。简单以案例说明如下。

刘女士在朋友的推荐下，在 A 保险公司为自己购买了一份寿险，每年她需要向保险公司缴纳费用 5000 多元，根据保险合同约定，在她 55 岁退休后，每月可以从保险公司领取保险金。

某日她意外住院时，想通过该保险理赔，但是保险公司告诉她，该保险是养老保险，只提供养老和身故保障。

通过如上案例，就很好地展示了保险合同中的金三角关系。该如何去理解保险合同中的这金三角呢？简单说明如下。

投保人怎么看

根据我国《保险法》规定，投保人是与保险公司订立保险合同，并根据保险合同支付保费的人，可以是自然人，也可以是法人。作为投保人需要满足一定的条件，如具有相应的权利能力和行为能力、对保险标的具有保险利益、履行交付保险费的义务，如上例中的刘女士。

保险人有要求

根据我国《保险法》规定，保险人是与投保人签订保险合同，并根据合同承担赔偿或者给付保险金责任的保险公司，保险人只能是法人。个人不能作为保险人，保险人根据保险合同接受投保人的投保申请并为其提供相应的服务。如上例中的 A 保险公司。

关系人有名堂

保险关系人指根据保险合同约定，在保险事故发生或者合同约定的条件期满时，对于保险人享有保险金给付请求权的人。常见如被保险人、受益人。

被保险人是以身体或者生命为保险标的，享有保险金请求权的人，可以是自然人也可以是儿童，如果是儿童需要父母或者监护人投保。

受益人是在保险合同中，投保人或者被保险指定的享有保险金请求权的人，是保险金的最终获得者。

一般投保人为自己投保时，投保人=被保险人，一般会指定自己的家庭成员为受益人，受益人可以为一个或者多个，投保人、被保险人、受益人应存在保险利益关系，保险合同才有效，如夫妻或者父母与子女。

在保险合同中，除了金三角，还存在保险代理人、保险营销人员、保险经纪人等，三者是不同的个体。

保险代理人是根据保险人的委托，在授权范围内代为办理保险业务，并向保险人收取一定代理费的单位或者个人。持有的证书是执业证书。

保险营销人员，简单说就是保险公司的业务员，持有的证书是展业证书。

保险经纪人是从投保人的利益出发，为投保人和保险人签订保险合同，提供中介服务，收取相应佣金的机构。

理财小贴士

保险合同是投保人和保险人约定了双方权利义务的一种协议，它除了具有一般合同的有偿、诺成、双务外，同样具有一定的法律特征。

高压力高风险，重疾险来报道

现在的年轻人，都活在高压力、高风险下，据统计，18 岁以下的人，每天会感受到好几次压力；而月收入在 6000 元以下的人群，31%的人会有高频压力，随着收入的增多，自我消化压力的增强，压力降低；当月收入达到 3 万元以上时，高频压力又回来了。

如果长期处于这样的高频压力下，人体健康将会受到一定的伤害，疾病就会光顾，没有人希望生病，但是如果生病了呢，会不会影响工作？会不会付不起昂贵的医药费，会不会花掉所有积蓄，会不会放弃治疗？

对于家庭来说，偶尔的伤风感冒小疾病，一般社保就能报销，可减轻大部分压力，最怕的是各种重疾。而重疾险就是家庭面对重疾的最大保障。看下面一个简单的例子。

唐先生一年前，在B保险公司为自己购买了一份重疾险，年缴费10367.50元，保额为50万元，他平时工作很忙，加班加点更是常事。

有一天，他觉得身体不舒服，经医院检查出“疑似白血病”，后来他住院进一步检查与治疗，最后确诊为急性髓细胞白血病。从住院开始，治疗费已经花掉近10万元，而且许多进口药远远超出了社保报销范围，如果在接下来的治疗中好转不明显，那么就需要考虑骨髓移植。

于是他向B保险公司申请理赔，在保险公司启动理赔程序后，在15个工作日内，最终赔付他50万元，同时因为购买了相应的附加险，在出院时还将赔付20万元。

我们每天都面临着诸多风险，其中最重要的是生命和健康风险。据不完全统计，人的一生发生重疾的概率是72.8%。对于重疾险一般可以从如下几方面去理解。

怎么定义重疾险

重疾险是重大疾病险的简称，是以特定的重大疾病为投保对象，当被保险人患有该疾病时，保险公司根据保险合同约定支付相应的保险金的保险。

重疾险有哪些

根据不同的划分方式，可以分为不同类型的重疾险，简单介绍如下。

- **保费是否返还**：一般根据保费是否返还，可以将重疾险分为消费型重大疾病保险和返还型重大疾病保险。
- **保险期限**：根据重大疾病保险的保障期限，可分为定期型和终身型，定期简单说就是合同约定一定的时间，如保障到60岁，终身简单说就是保障到身故或者约定的极限年龄。

- **给付形态**：根据重大疾病保险的给付形态可分为独立主险型、附加给付型、按比例给付型、提前给付型、主险捆绑附加，其中独立主险的身故和重大疾病是相互独立的，保额是分开的；附加给付型是作为寿险的附加，包括重疾和身故；按比例给付型是根据重疾的种类划分，一般重疾给付 80%；提前给付型是有些保险条款里，确诊即赔付；主险捆绑附加一般是以生死两全保险为主险，捆绑附加重大疾病险。

现在市场上，各大保险公司的重疾险种类很多，我们除了了解其种类外，还需要了解重疾都包括哪些疾病。

怎样算重疾

不同的保险公司对于重疾的规定是不同的，但是重疾险必须包括这 25 类。

- 恶性肿瘤——不包括部分早期恶性肿瘤。
- 急性心肌梗死。
- 脑中风后遗症——永久性的功能障碍。
- 重大器官移植术或造血干细胞移植术——须异体移植手术。
- 冠状动脉搭桥术（或称冠状动脉旁路移植术）——须开胸手术。
- 终末期肾病（或称慢性肾功能衰竭尿毒症期）——须透析治疗或肾脏移植手术。
- 多个肢体缺失——完全性断离。
- 急性或亚急性重症肝炎。
- 良性脑肿瘤——须开颅手术或放射治疗。
- 慢性肝功能衰竭失代偿期——不包括酗酒或药物滥用所致。
- 脑炎后遗症或脑膜炎后遗症——永久性的功能障碍。

- 深度昏迷——不包括酗酒或药物滥用所致。
- 双耳失聪——永久不可逆。
- 双目失明——永久不可逆。
- 瘫痪——永久完全。
- 心脏瓣膜手术——须开胸手术。
- 严重阿尔茨海默病——自主生活能力完全丧失。
- 严重脑损伤——永久性的功能障碍。
- 严重帕金森病——自主生活能力完全丧失。
- 严重Ⅲ度烧伤——至少达体表面积的20%。
- 严重原发性肺动脉高压——有心力衰竭表现。
- 严重运动神经元病——自主生活能力完全丧失。
- 语言能力丧失——完全丧失且经积极治疗至少12个月。
- 重型再生障碍性贫血。
- 主动脉手术——须开胸或开腹手术。

而现在很多保险公司的重疾超过25种，有的甚至到上百种。在如上的25类重疾中，涵盖了90%以上的理赔，而一百多种的重疾是对剩余的补充。

那么家庭该如何配置重大疾病险呢？

首先选择一家靠谱且25类重疾之外，额外补充重疾品种较多的保险公司；其次，确定保额，一般重疾险的保额至少50万元，最好100万元及以上；然后，根据保额货比三家，确定最优惠的保费；最后，保费可控制在家庭年收入的5%~15%。

女性保险，买哪些？

现代女性，不仅是女儿、妻子，也是母亲、职工，肩负着生育、家庭、职场的多重压力，承受的各种压力并不比男人少，面对各种高压与风险，女性同样需要保险的呵护。

那么女性保险有哪些？怎么买？必保项目有哪些？简单介绍如下。

女性保险要知道

女性保险简单说就是针对女性的生理特点专为女性设计的一系列保险险种，现在市场上的女性保险，一般可以分为特殊时期保险、专用型保险、呵护型保险、储蓄型保险。简单说明如下。

- **特殊时期保险**：专门为女性特殊时期准备，如常见的生育险，对于女性妊娠期疾病提供特定保障，该类保险适合育龄女性。
- **专用型保险**：该类保险是专为女性生理特征设定的保险，如为女性的乳腺癌、卵巢癌、宫颈癌等疾病提供医疗保障的女性重大疾病险。
- **呵护型保险**：该类保险是针对女性的爱美需求，如整容保险，承保被保险人因意外事故需要接受的整形手术，保险公司对于治疗的费用进行理赔。
- **储蓄型保险**：和其他的储蓄保险差别不大，只是在设计上更突显为女性服务，如保险额外提供女性免费体检、美容、健身场所打折等附加优惠，该类险种备受时尚白领的青睐。

女性保险怎么买

人生的不同时期，家庭的需求是不一样的，同样，女性不同的年龄阶段，需要的女性险也是不一样的，看下面的一个例子。

李女士，今年26岁，结婚两年，去年有了自己的小宝宝，目前在一家私营企业做文员，月收入约4000元。丈夫在某事业单位上班，月收入约1万元，每月房贷2000元，生活花费5000元。

而最近，有朋友给她说，可以为自己和宝宝都买一份商业险，其中有专门为她设置的女性险。而对于女性险，她一无所知，但是又有点动心，因为生了宝宝以后，加上工作加班的劳累，她总感觉身体大不如前，一点点小毛病就容易倒下，她觉得自己还是需要一份健康保障。

如上例所示，已婚已育的李女士和单身的女人需要的保险是不一样的，对于已婚已育女性，有了孩子，家庭责任更大，所以女性重疾险和女性储蓄保险需要首先考虑，在一定程度上为家庭经济提供保障。

对于已婚未育女性，家庭压力在逐渐增加，女性除了基本的意外和定期寿险，还需要在女性重疾这一块多加考虑，可购买一些女性专属的重疾险。

对于未婚女性，此时女孩子收入可能较低，但是家庭负担较少，健康状况相对良好，可购买一些女性意外保险，随着收入提高再配置女性重大疾病险。但随着都市大龄单身女性增加，一般还是建议在25岁以上，可适当配置女性重疾险。

必保项目有哪些

一般女性重大疾病险除了承保如恶性肿瘤、急性心肌梗死、脑中风后遗症、重大器官移植术或造血干细胞移植术、冠状动脉搭桥术（或称冠状动脉旁路移植术）、终末期肾病（或称慢性肾功能衰竭尿毒症期）等，还包括乳腺癌、宫颈癌、卵巢癌、女性原位癌等女性易发疾病，选择有附带健康管理服务的重疾险，如专项防癌体检、重疾绿色通道、重疾患者康复期服务治疗等重疾险最佳。

保险有分红，红包有多大

在理财中，不仅只有股票、债券、基金等可以分红，保险同样可以分红，保险的分红和其他的分红又有什么区别呢？

分红保险是寿险的一种，与其他寿险的不同在于，分红保险向保单的持有人提供一定的红利分配，红利的大小由保险公司的经营能力、偿付能力、负债能力等决定，不是固定不变的。看下面一个案例。

罗先生，今年 28 岁，在朋友的推荐下，购买了一款分红险，基本保额为 2 万元，缴费期为 3 年，年交保费 8173.45 元，根据合同约定，他可以在一定阶段后，领取相应的保险金。

在 33 岁时，可领取特别生存金 4904.07 元（20%已交保费=8173.45×3×20%=4904.07 元）。34 岁以后，每生存一年可领取一次生存保险金。

而在 65 周岁以后，还可以领取相应的祝寿金，祝寿金=基本保额+累积红利保额，其中在保险期间，每年可享受分红，分红是增额红利，每年分红不定，高低主要由保险公司的经营成果而定。

由上例可知，分红保险提供保障和分红同步，但是分红大小每年不一样，需要根据保险公司的利润大小来确定。分红保险一般可以从种类、红利来源、购买陷阱等去理解，具体如下。

保险种类早知道

现在市场上的分红保险，一般可以分为保障型分红险和投资型分红险，而保障型分红险主要包括两全分红保险和定期分红保险，重点在于保障，分红是附带；而投资型分红险，保障相对较弱，只提供如身故或全残保障，重点在于分红，一般常见为一次性缴费的保险。

红包哪里来

不管是哪一种分红保险，红利一般来源于利差益、费差益、死差益，利差益简单说就是差价收益，即产品的实际投资收益与预期收益的差价盈余；费差益是产品的实际营运管理费用少于预期营运管理费用的盈余；死差益是预计死亡人数大于实际死亡人数的盈余。这三者的盈余构成了分红账户的红包大小。

红包陷阱不要跳

购买分红保险时，一些小陷阱还是要避免的，简单介绍如下。

- **夸大收益**：一些保险公司的业务员，可能只会告诉投资者分红保险的高档收益，一般收益分中高低三等，具体要以保险条款为准。
- **缴费期限=保险期限**：如果将分红保险作为投资，那么要注意保险期限，缴费期限可能为一次性或者三年五年，但是保险期限多为数十年，如果资金紧张，中途退保将损失一部分本金。
- **分红方式不明确**：一般分红保险的分红方式有两种，现金分红和保额分红，现金分红简单说就是保险公司以现金的方式将每年的分红退还给投保人，投保人可以任意支配；保额分红是将每年的收益自动的转化成保费，从而增加分红险的保额。
- **分红保险能抵抗通货膨胀**：可能保险业务员会告诉你，买分红保险在获得稳健收益的同时可抵御通货膨胀，实现双赢，但事实并非如此。

除了如上所说，购买分红保险时我们还要注意：分红保险出险后，赔付金额较低，在购买时，要从自己的家庭需求及经济能力出发，不能只看到分红红包。保险的重点是保障，而且分红保险的保费相对更高，所以组合购买更划算，分红险可以考虑和意外险、重疾险等搭配购买。

属于月光族的保险配置，你一定要知道

月光族一般常分两类，一是婚前，毕业不久，收入不高，消费一般，但还是月月光；二是，工作几年，但买房买车，甚至结婚生子后，虽然收入增加，但是各种压力下，每月收入入不敷出。

对于这些月光族来说，如果买保险，该如何配置？看下面一个案例。

张女士，今年 25 岁，单身，月薪 4500 元，公司缴纳五险，月光族，最近有保险公司人员向她推销保险，并且提出了两种产品任其挑选。

A 产品保额 30 万元，其中住院 15 万元，恶性肿瘤 15 万元，免赔额为 1 万元，附加意外身故保额 10 万元。

B 产品保额为 60 万元，住院、恶性肿瘤、免赔额都不变，只是附加意外身故保额 30 万元，其中住院津贴 200 元。

而 A 产品的年缴保费在 500 元左右，而 B 产品的年缴保费在 1100 元左右。

如上例所示，对月光族来说，还是比较适合的，年缴保费很少，但是保障却很全面，包括了住院和重疾。当月光族在购买商业保险时，健康险应该是首先考虑的，一旦疾病来临，月光族就会手足无措，因此需要提前转移风险，购买健康险，可以选择年缴，减轻缴费压力，同时保额在 10 万元之上，具体根据家庭承受能力出发。

除了健康险还需要考虑意外险，随着收入的增加还可以配置相应的定期寿险，如储蓄类。在保障的同时，强制储蓄，强制理财，为了减轻经济压力，可

以选择较长的缴费期。

最后，就是当我们购买保险时，要注意不要被忽悠，3 个小绝招送给你。

- **避免被保险业务员误导**：任何市场都存在竞争，特别是保险市场，从业人员参差不齐，所以难免会遇到业务员误导销售。应该让他根据你的家庭实际情况，做一个简单规划，同时你自己也要思考。他的规划是否合理，有没有超额情况。
- **理解保险条款**：对于保险合同的保险条款，一定要认真阅读，不懂的地方要向业务员或者代理人咨询清楚，特别是合同中没有明确约定的，避免以后出险不能理赔。
- **免赔责任要清楚**：在保险合同中，除了基本条款要认真了解外，对于条款中的免赔责任一定要理解，包括免赔的内容，你有权要求保险公司如实告知。

不管是月光族还是一般工薪族，在进行家庭保险配置时，选择一家靠谱的保险公司很重要，同时险种和保额要从家庭的需求出发，不能固定不变，随着收入和压力的增长，可适当地增加保额和险种。

而在保费方面，一般将家庭收入的 5%~15%用于购买保险都是合适的，不同的家庭会有一定的比例差异，关键看家庭收入、支出、需求等因素。

怎样为你的爱车投保最划算

现在的私家车如同智能手机，大部分家庭都有一台，那么有车就意味着有车险。车险和其他险种不同，不是简单的续费问题，而且每年购买的费用可能存在差别，如何将每年的车险买得划算，是需要思考的问题。

如果是新车，第一年一般都在 4S 店购买，从第二年起，你就可以根据自己的购买预算选择性的在保险公司购买。

即使在 4S 店购买新车，也不用购买全部车险，可以考虑购买车损险、第三者责任险和全车盗抢险，对于玻璃险和涉水险要根据车辆经常行驶区域来确定是否购买，在选好险种后需要将购买的险种加上不计免赔。

如果购买所有的车险险种，那么保险费用相对较高，等到到期日，很多险种也用不上，那么如何购买车险才最划算呢？几点小建议仅供参考。

- **购买险种**：一般分必要和非必要两大类，一般车险中的交强险、第三者责任险和车损险是必买的。交强险属于我国的强制保险；第三者责任险是在事故发生后，赔付他人的，一般和交强险搭配使用，由保险公司赔偿超出交强险的限额部分；车损险主要赔偿被保险车辆的损失。而非必要购买的险种包括划痕险、自燃险、附加险不计免赔险、全车盗抢险等。
- **投保渠道**：现在购买车险的渠道很多，以至于收费可能存在差异，在保险公司的官网投保费率会低于其他渠道投保费率 15%左右，而且一般官网还会存在一定优惠活动。
- **提高保额**：主要是对于第三者责任险的保额的提高，第三者责任险是出险后对于第三者的赔付，而将第三者责任险的保额从 50 万元提高到 100 万元，一般保费也就增加 200 元左右。
- **及时续保**：特别是交强险，一般在到期前的 5~10 天内续保较好。

开车上路，不管是新手还是老司机，难免会遇到磕磕碰碰，或其他出险的情况。那么出险后，如何能快速理赔呢？

快速理赔需要满足的条件

不是任何的事故都是能快速理赔的，能快速理赔的事故需要满足一定的条件。具体如下，仅供参考。

- **财产损失**：一般财产损失不超过2000元，且无人员伤亡。
- **责任划分**：事故的当事人双方对于责任划分无争议。
- **车辆损失**：事故车还可以开动。
- **车险**：事故的双方都购买了相应的车险。
- **定损地点**：事故双方都同意到某一地点定损。
- **其他**。

事故快速处理流程

当满足事故快速处理的条件后，就需要走基本的流程，设置好危险警告标识；对现场拍照取证；核对对方证件，确认对方车辆是否为无牌无证车辆，是否酒驾，如发现如上任何一种情况，可报警处理，并且不能移动车辆；打电话给保险公司报案，告知事故的时间、地点、损失情况；填写事故快速处理协议书，如无可用白纸代替，但需要注明事故情况、双方信息、责任事故等，最终双方在纸上签字；事故双方到指定地点进行定损，定损完后，可回家，当车辆维修完成后，车主到保险公司理赔。

事故快速处理注意

如果不及时的撤离车辆造成交通拥堵是会被罚款的，交警会依法对驾驶人处以200元罚款，并对驾驶人的其他违法行为依法进行处罚。如果事故是单方责任，那么需要到全责方的保险公司进行定损和索赔，如果双方责任均等，那么可选任一方保险公司进行理赔。

本章小结

我们这一生，有的人能平安顺遂的生活，大多数人还是要经历风风雨雨的，但并不是每一次都能全身而退，总有些时候会无能为力，如何能让我们的人生少一些遗憾，或许只有一个朋友——保险。

保险是什么？不是偶尔接到保险电话的喋喋不休，保险是人生知己，他比男人更懂男人，更能延续男人对家庭的爱。只要你选择他，这一生，他都将为你遮风挡雨，同时更能为你守护财富。

本章将保险简单化，从它与社保的区别开始说起，如何选择满意的保险公司，再到保额的选择，是不是越高越好呢？当然不，为什么？保险金三角少不了，重头戏来了，重大疾病险怎么买？女性保险怎么买？分红保险红包到底有多大？月光族怎么买保险？爱车怎么投保？

通过理论、案例、实操模式，将一个个问题痛快解决，告诉工薪族们，即使工资不高，剩余不多，还是可以为个人或家庭配置一份或多份保险，转移家庭风险。更是有计划、有规律、有逻辑消费的体现，为其他金融理财打下基础。

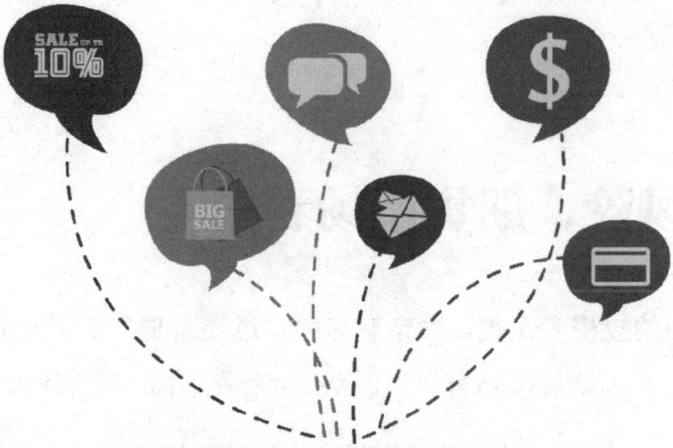

第 10 章

理财技能小提升，高水准理财全掌握

作为一名有追求的工薪族，除了掌握基本的理财技能，适当的高水平理财还是应该有了解，甚至能掌握。

技能小提升不需要升级打怪，只需要对期货、期权、股指期货、汇率、利率、外币、纸黄金、白银等有一个基本了解，最终能简单操作，随着收入和经验的增加，建立一套属于自己的高水准理财方法。

当然在理财升级过程中，肯定会遇到深奥复杂的难题。没关系，本章从最基本的说起，将复杂问题简单化，即使小白也能轻松掌握。

股市有风险，期货市场看一看

对于求稳的投资者来说，股市有风险，进还是退？有同业说，不如去期货市场看一看？那么期货市场有何“看头”。来看下面一个案例。

张先生看到有朋友在股市大跌时还能在期货市场稳赚一笔，于是他对期货市场很感兴趣，在朋友的推荐下，开户投资了 5 万元，开户的前一周，他没有做任何的交易，基本在了解行情以及和朋友分享一些投资经验，一周后他好像掌握了一些小规律。对于合约当日的收盘价、最低价、最高价都做出一定的预测，准确率还挺高，于是他信心满满的在一周后开始交易。

最开始满仓买入一些合约，刚开始该合约有涨的趋势，但是涨幅不大，一周后，该合约下跌，他浮动亏损约 5000 元，但是他并没有打算退出，有涨有跌，打算继续持有。但下一周，该合约下跌加剧，账户余额 3 万元，他不得不离开期货市场，并打算从此再也不碰期货。

如上例所示，如果你是张先生，你会从此以后都退出期货市场吗？你真的了解期货市场吗？欲了解期货市场，分以下几步走。

首先，期货分类要知道

期货是未来交割实物商品销售和金融工具的一种金融合约，主要分为商品期货和金融期货两种，商品期货分为贵金属与非贵金属商品、能源商品、农产品等，而金融期货主要分为股指、利率和外汇等。

其次，期货术语要学会

对于任何一种金融术语的了解，都是为了更好的理解金融产品，期货市场也一样，下面简单介绍如表 10-1 所示的期货术语。

表 10-1　常见的期货术语

项目	明细
保证金	期货交易者按照规定的标准，交纳一定的资金，用于保证到期的结算
期货合约	由期货交易所统一制定，规定在将来某一特定的时间和地点，交割一定数量和质量的有关商品的标准化合约
结算	根据期货交易所公布的结算价格对交易双方交易盈亏状况进行资金清算
交割	指期货合约到期时，交易双方通过该期货合约所载商品所有权的转移，了解到期未平仓合约的过程
开仓	开始买入或卖出期货合约的交易行为称为“开仓”
平仓	指期货交易者买入或者卖出与其所持期货合约的品种、数量、交割月份相同但交易方向相反的期货合约，最终实现一种平衡
仓单	指交割仓库开出并经期货交易所认定的标准化的一种提货凭证
成交量	是指某一期货合约在当日交易期间所有的成交合约的双方的数量
强行平仓	是指当客户的交易保证金不足并未在规定时间内补足，客户持仓超出规定的持仓限额或者客户违规将受到处罚，根据交易所的紧急措施应予强行平仓
头寸	期货合约的买方处于多头部位，期货合约的卖方处于空头部位
持仓量	尚未经相反的期货或期权合约相对冲，也未进行实货交割或履行期权合约的某种商品期货或期权合约的数量
撮合成交	期货交易所的计算机交易系统对交易双方的交易指令进行配对的过程
浮动盈亏	按持仓合约的初始成交价与当日结算价计算的潜在盈亏
多头	相信价格会涨并买入期货合约称为多头，也称为多头交易，反之为空头。

续上表

项目	明细
交易单位	期货交易必须为“一手”的整数倍，不同的交易品种对于每一手合约的商品数量规定，一般会在该品种中载明
期货价格	期货市场上通过公开竞价方式形成的期货合约标的物的价格

除了如上的一些期货术语，在平时，我们还需要多了解多储备，在这里我们不再做更多的解释。

然后，期货规则了解一下

不以规则，不成方圆，在期货市场同样具有其规则，对于期货市场规则，简单介绍如下。

- **保证金制度**：根据规定，所有参与期货的交易者需要按照合约价值的一定比例缴纳资金，用于结算和保证履约。
- **当日无负债结算制度**：一般当日交易结束后，交易所会按当日结算价结算所有合约的盈亏、交易保证金、手续费等，同时将相应的款项进行划转，对于结算准备金进行调整。
- **涨跌停板制度**：期货合约在一个交易日中的交易价格不得高于或者低于规定的涨跌幅度，超出该幅度的报价就将被视为无效，不能成交。
- **持仓限额制度**：交易所对于参与者持有的，按照单方计算的合约的投机头寸的最大额。
- **强行平仓制度**：指当投资者违规时，交易所采取的一种强制措施。
- **风险准备金制度**：为了保证市场的正常运转和抵御未来风险，提取专项资金的制度。

- **信息披露制度**：期货交易所按有关规定定期公布期货交易有关信息。

最后，期货风险早知道

期货风险主要包括，市场风险和交易风险。市场风险包括市场投机、市场利率、交易转移、流动性风险等；而交易风险主要有套期保值交易风险、套利交易风险、投机交易风险等。

一般在期货交易时，应正确解读期货交易风险说明书，对其中的条款逐条了解。

期货与期权，可不只差一个字

期货与期权，一字之差，但是意义完全不一样，那么我们该如何来理解复杂难懂的期权呢？一个例子简单说明。

李女士在商场看见一件刚推出的春衣 1500 元，很喜欢，打算买回家，但是发现卡里钱不够，她又担心过几天衣服会涨价，于是和老板约定，给老板 50 元，希望老板能在一周后，以 1600 的价格出售这件大衣，并且和老板约定，到时她也可以放弃购买该大衣。

如上例所述，李女士和老板的合约，就可以看作是期权，而且是一份看涨期权，李女士就是看涨期权的持有者，她希望将来的标的价格上涨，那么她其实是获利的，如果到时价格下跌，她可以不选择交易期权，最多损失期权费 50 元。

那么，我们到底如何理解期权呢？

期权交易是指在未来的某一日期用来买卖的权利，买方向卖方支付一定数量的权利金，然后在约定的日期，以事先约定的价格向卖方购买一定数量的标的物的权利，但买方不负有必须买进或卖出的义务。而卖方有义务在期权规定的有效期内，应期权买方的要求，以期权合约事先规定的价格卖出期权合约规定的特定商品。

一般根据期权的权利划分，可以分为看涨期权和看跌期权两种；根据期权的交割时间划分，分为美式期权和欧式期权；按期权合约上的标的划分，有股票期权、股指期权、利率期权、商品期权以及外汇期权等种类。

期权和期货的差别，可以简单概括，如表 10-2 所示。

表 10-2　期权和期货的差异

项目	期权	期货
产品属性	期权是权利的证券化	期货是一种交易方式
权利和义务	期权双方的权利不对等	期权双方的权利对等
交易方式	期权合约的数量相对较多	期货合约数量固定且有限
保证金规定	期权只需卖方缴纳保证金	双方都需要缴纳保证金，且按照一定的比例收取保证金
套期保值	投资者可以在持有现货多头的同时买入认沽期权，或在持有现货空头的同时买入认购期权	投资者可以在持有现货多头的同时卖出期货合约，或在持有现货空头的时候买入期货合约
合约价值	期权合约本身具有一定的价值	期货合约本身不具有实际价值
盈亏原则	非线性盈亏状态	线性的盈亏状态

期权是期货的一种衍生品，期权和期货存在相同的风险，如市场风险和交易风险，当然还有营运风险和法律风险，对于交易风险，一般可以通过统一集中的交易和清算来避免。

而法律风险则需要国家加强市场监管，并推出相应的法律法规；而对于营运风险，交易所可采取加强实时监控。

汇率和利率，区别在哪里

汇率是一国货币与另一国货币的比率，也可以理解为比价，是用一个国家的货币表示另一个国家的价格，如近日汇率，1 人民币=0.1491 美元。

汇率通常有两种表示方法，本币汇率和外币汇率。本币汇率一般指的是，以单位数量的本国货币所能兑换的外币数量表示，我国称为人民币汇率，根据近日汇率计算，100 人民币=14.91 美元；而外汇汇率则与此相反，是单位数量的外币所能兑换的本国货币的数量表示，根据近日汇率计算 100 美元=670.77 人民币。人民币兑主要货币官方中间价如表 10-3 所示。

表 10-3 汇率表

项目	日期		
	2019/4/1	2019/4/2	2019/4/3
美元/人民币	6.71930	6.71610	6.71940
港币/人民币	0.85600	0.85562	0.85605
100 日元/人民币	6.05660	6.02940	6.03640
欧元/人民币	7.54200	7.52570	7.52900
英镑/人民币	8.74890	8.77660	8.82390
澳元/人民币	4.77740	4.77470	4.74350
加元/人民币	5.03270	5.04500	5.03630
新西兰/人民币	4.58120	4.55870	4.53660

如上的汇率表，是表示外国货币可以兑换的人民币，如在 4 月 3 日，1 美

元=6.7194 人民币。

但我们说到汇率时，会离不开一个词——利率，那么汇率与利率有何区别呢？一般可以从如下几方面去理解，简单介绍如下。

- **定义**：汇率是两种不同货币之间的兑换关系，又叫作汇价；而利率是一定时期内利息额与本金的比率。
- **计算方法**：汇率计算一般采用直接标价法和间接标价法，我国及大多数国家都采用直接标价法；而利率常根据时间长短计算，如年利率、月利率和日利率。
- **价格信号**：汇率是外汇资金市场的一种价格信号；利率是本币资金市场的一种价格信号。
- **最终反映**：汇率最终反映的是一国或地区的生产效率，利率反映的则是资金的时间价值。

对于两者的差别，我们还可以简单以直观的案例说明如下。

张先生用手里的 100 美元兑换到 672 元人民币，而他将 10000 元存入银行一年，利率为 1.95%，那么一年利息为 195 元，如果向银行贷款 10000 元，利率为 4.35%，利息为 435 元。

如上例所示，用 100 单位外币兑换到的人民币，就是一种外汇汇率计算方法，而 1.95%和 4.35%，则是一年期、借贷款利率的不同表示方法。

汇率和利率存在一定的差别，但是两者也相互影响。利率是影响汇率最重要的因素，一般当本国利率上升时，在一定程度上会减少外汇需求，促使外汇汇率下降；当本国利率下降时，货币供应增加，会加大外汇需求，促使外汇汇率上升。而汇率对于利率的影响主要体现在：通过影响国内的物价水平及短期的资本流通，间接的对本币利率产生影响。

纸黄金，那些需要注意的事儿

你以前是不是觉得，黄金都是黄金首饰类，金灿灿，硬邦邦？你有没有听过纸黄金？有没有买过纸黄金？纸黄金怎么玩？有哪些需要注意的？

首先，定义要明白

纸黄金是一种个人凭证式的黄金，投资者通过银行的报价，在开立的账户上买卖虚拟黄金，不用实物交割买卖，通过国际的金价和走势，逢低高抛。

其次，特色要知道

纸黄金的特色主要体现在记账性、24 小时交易、T+0 交割，纸黄金一般用国际的金价换算人民币标价，变现较真金快；纸黄金采用 24 小时的不间断交易，对应国际市场；纸黄金采用 T+0 的交割方式，实时到账，比国内股票市场多了更多的短线操作机会。

再次，报价能看懂

纸黄金的报价，一般是通过银行完成，主要有两种方式：国内金价报价和国际金价报价。国内金价报价一般是银行根据国际黄金市场的价格，加价后再卖出的价格。国际金价报价是国际黄金市场进行黄金交易的价格，国际黄金价每天是浮动的。

最后，纸黄金购买注意

纸黄金相对于股票来说，进入门槛不高，手续费相对实物买卖更低，适合中等风险，中期持有。那么买卖纸黄金时有何要注意的呢？

刘先生进入纸黄金市场不久，由于经验缺乏，所以不敢大量投资，在开户后，只购买了 50g，最初每克赚了 10 元左右，于是在尝到甜头后，在金价每盎司 1250 美元时，买入 100g。最后上涨到每盎司 1320 美元后，纸黄金开始下跌，最后下跌到 1200 美元时，他只能忍痛卖出，避免更大的损失。

如上例所示，纸黄金虽然风险低于股票，但是一不小心还是容易亏损本金，因此配置纸黄金时需要注意如下几方面。

- **预期收益**：类似于股票投资中的止盈点，纸黄金投资时，也可以根据自身情况设置一个预期收益，一旦达到预期收益，果断卖出。
- **灵活配置**：如同股票操作一样，纸黄金同样切忌冲动操作，1+1 的策略可以考虑，一部分资金作为准备金，一部分纸黄金作为库存保留。
- **操作模式**：纸黄金一般适合中短线操作，相对来说，24 小时不间断的交易时间使操作更灵活，一般只要单笔 10g 就可以买卖。
- **收益来源**：在人民币纸黄金业务中，自负盈亏，无强制平仓，纸黄金无利息，是通过买卖差价获取收益。
- **交易成本**：在成本上，纸黄金的交易比投资金条、金币更低，适合投资者做波段买卖。
- **交易平台**：一般建议投资者选择交易时间更长的平台，那样具有更多进入市场的机会，当然选择平台时，平台手续费不要忽略。
- **消息渠道**：国际黄金价不断变化，因此投资者具有发现最新消息的渠道最好，通过消息来对市场进行分析，从而决定买还是抛。

银行一般不直接收取纸黄金的买卖手续费，手续费体现在报价的差异上，纸黄金买卖流通速度快、交易方便、随行就市，投资者要熟练掌握一些投资技巧，赚取差价收益，一般中短线操作比较合适，利用价格波段，实行逢低高抛策略。

集邮者们，疯涨有风险

集邮很高雅，是学问，更是一门投资。在集邮时，不仅可以看到世界的历史、地理、人物等。时间久了，邮票多了，还是一笔财富。

邮票常识要知道

在集邮时，掌握最基本的集邮知识很重要，通过邮票常识的掌握有助于在集邮市场上进行沟通交流。

一般可以从邮票的图案、国名、齿孔、面值、志号、品相等方面去了解，简单介绍如表 10-4 所示。

表 10-4 集邮常识

项目	明细
图案	一般由与邮票发行目的相关的图案、国名、面值、说明文字、边饰等构成
国名	印在邮票票面上的国家或地区的名称
面值	印在邮票票面上的邮资金额及货币单位
齿孔	为了方便撕开邮票，在整张邮票的各枚之间用打孔器打出孔洞，分撕后，单枚邮票边缘凹进的半圆形部分称孔，凸出的部分称齿，合称为齿孔
版铭	在整张邮票纸边上印有邮票编号、版号、张号、色标、设计者、印刷厂等
水印	为了防止伪造，在造纸过程中，用特殊方法加压在纸里的一种标记
志号	新中国成立后，中国人民邮政发行的纪念邮票和特种邮票，在票面底部印有邮票发行序号和年代称为志号
品相	邮票的相貌，一般划分为极优品、最上品、上品、次上品、中品、下品、劣品等，代表着不同价格不同等级的邮票

在日常生活中的一些邮票网站上，我们还可以补充一些更实用更具有操作性的小常识，如图 10-1 所示，登录百分邮票收藏网，在导航栏中单击“邮票知识”按钮，在切换的页面中即可查看到邮票知识。

图 10-1　邮票知识

除了掌握一些常识之外，我们还需要了解假邮票有哪些？常见的假邮票有假水印票、假刷色票、假加盖票、完全的假票、齿孔假票等，具体表现如下。

- **假水印票**：一般指造价商在无水印版的邮票上人为制造水印图。
- **假刷色票**：使用化学药品改变或者除去邮票的颜色，人为造成错色，使它变为珍罕品，对于该类邮票，需要专家鉴定才能辨别。
- **假加盖票**：邮票本身为真票，在邮票上重新加印文字、数字、图案等。历来伪造票中数量最多，最难识别的一种。
- **假纸质的邮票**：人工改变纸质颜色、光洁度，造成与真票相似的邮票。
- **完全的假票**：从用纸、背胶、齿孔、印制手段、盖销邮戳及加盖的文字等，所有信息全都是假的。
- **齿孔假票**：造假者根据邮票价格，决定邮票是否有齿孔，如当无齿票价格高于有齿票时，造假者会把有齿孔票的齿孔剪去，充作无齿票。

当然对于假票的鉴别，需要日积月累，多学习，多了解，多沟通。

邮票买卖有方法

邮票的购买相对简单，一般分两种情况，一是实体店购买，包括邮局的集邮柜台、集邮市场、收藏品市场等；二是网络购买，如通过在相关集邮网站，寻找到信誉较好的邮票卖家购买，如京东、淘宝等。

如何卖出手里邮票呢？一般可以通过集邮市场、收藏品市场、京东、淘宝等卖出。初入邮市，不管是买还是卖，都需要做好冒险的准备。

邮票风险早知道

任何的投资都具有风险，邮票投资亦如此，常见有低价卖出风险、伪品风险、套现风险、保存风险和盗窃风险等，简单介绍如下。

- **低价卖出风险**：如果打算将手里的邮票紧急套现出售，常遇到购买者砍价的风险，如从邮票的品相上砍价。
- **伪品风险**：投资者在购买时，容易遇到该风险，造假者会将一些热门邮票造假并低价抛售，特别是抛售给一些入门小白。

- **套现风险**：出现在邮事低迷时，市场成交量较低，如果此时资金紧张，邮票套现困难，即使“割肉”也无法卖出。
- **保存风险**：在邮市投资，对于邮票的品相要求较高，而品相的高低关键还是在于保存的好坏。对于邮票市场的小白来说，不建议盲目的大量购买成套版票，否则保存不当，容易损伤。
- **盗窃风险**：相对来说，邮票市场的人员鱼龙混杂，所以在线下买卖时，要注意防盗防抢。

为了规避如上的一些风险，必要的小技巧是需要了解的。

- **止损出局**：邮票市场和股市一样，同样具有牛市和熊市，因此，为了避免在熊市被套牢，一旦邮票大跌，应和股市一样，止损出局。
- **查看邮票质地**：如果投资者所买的邮票质地很好，对于市场行情认真分析后买入，不是炒作的邮票，可以持有待涨。
- **消息来源是否可靠**：如果投资者购买的邮票是所谓专家推荐或道听途说的，消息的来源并不可靠。小白们容易买到伪品，买入后还容易被深套，不能准确把握买卖时机。
- **不宜收藏的邮票**：对于邮票中的冷票、人造错体邮票、超量发行的邮票、过热的邮票、传闻未确定的邮票等都不建议收藏。
- **邮票保养小技巧**：为了降低邮票的保存风险，一些基本的邮票保养小技巧要知道，如邮票防潮、受压、使用邮票镊子、使用护邮袋等。

随着网络的发展，现在很少有人使用邮票来传递消息了，但是越来越多的邮票爱好者对邮票进行收藏投资，但邮票收藏不能只有一番热情，还需要具备基本的知识以及收藏技巧，而这些都需要我们不断去学习、操作、提高。当然，市场行情分析不能少，邮票投资的风险也不能忽视，要综合把握。

额外小福利，理财常识大放送险

无论是初级入门的小白还是掌握技能的投资者，对理财常识的掌握是必不可少的，本小节就将重点讲述几个小常识。作为理财小福利，愿大家都能在理财路上走得顺畅，拥有属于自己独一无二的投资小技巧。

洼地效应，我们要有一定的投资眼光

“人往高处走，水往低处流”，根据这一理念延伸到经济学领域，一般就被称之为“洼地效应”，即某区域通过比较优势，形成了独特的竞争优势，从而吸引资本的集聚。

洼地效应用在日常生活中，即学区房相对其他地段都会更高一些。简单说就是学校周围的房子形成了一个价值洼地，或者政府重点扶持、开发的某区域，如某新区，不管是房价还是其他都相对更高且更具有价值，这也是洼地效应的体现。

如果将洼地效应用到金融产品中，一般离价值洼地越远的价格相对洼地中心越低。在投资前，我们需要分析，在基金、股票、债券中有没有还未发现的价值洼地。运用洼地效应离不开一定的投资眼光，这需要投资者具有一定的投资经验、投资技巧及行情分析能力。

安全边际，赔钱的事儿要注意

不管是股票还是基金，即使下跌时，我们能做到心里有数，不慌张、不盲目，这都需要一定的投资安全感，投资安全感哪里来，安全边际要懂得。

巴菲特曾用一段话描述安全边际："我建一座能承重三万磅的桥，但却只让通行一万磅的车，这样就算我漏放了一辆一万两千磅或者一万三千磅的卡车过去，也不至于桥毁人亡"。

一般认为只有价值被低估的时候，安全边际才存在并且大于零，用在股市就是一些潜力股，我们寻找安全边际的目的是，即使在某时段，想撤回投资本金，那么在安全边际下，本金也不会遭受永久性损失。就好像一道城墙，只要这道城墙在，本金很大程度上是安全的。

投资回报率，付出就该有回报

投资回报率，简单说就是通过投资而得到的价值回报，一般投资回报率（ROI）=年利润或年均利润/投资总额×100%。如你投资某产品，本金为 2 万元，以 2.81 万元卖出，扣掉各种手续费 5000 元，那么投资回报率=3100/20000×100%=15.5%。

而我们更常听到债券或基金中的年投资回报率，年投资回报率是不是越高越好呢？一般投资回报率的高低和风险大小成正比，而投资回报率是否合理，不同的金融产品要求是不一样的，主要取决于投入的本金和投资时间。

理财小贴士

财务自由不是简单地达到某一数字金额后的财务状态，是一个人的被动收入大于等于他的日常开支的状态，并且该状态是长期、持续性的，才能称之为财务自由，适用于少数人，但大多数人都想达到财务自由。

本章小结

本章是基础理财的一个升华，在满足小白理财的基础上，对其他具有一定投资经验的工薪族来说，可以升级修炼的法宝。

本章重点从期货、期权、汇率、纸黄金、邮票等方面着手，产品升级，将复杂的产品简单化。但是投资者投资时，选择最适合自己的才是最佳，不同的家庭，需要升级的产品不一样。

喜欢高风险进入股市的投资者，可能会对期货和外汇更感兴趣，对邮市不“感冒”；而喜欢求稳保守的投资者，可能更喜欢集邮。当然每一种投资都是具有风险的，在考虑投资收益时，风险大小要清楚。

本章内容相对简单，从理论落实到具体操作层面，通过干货+案例故事+分析+注意事项+小技巧的模式，将产品层层拨开，帮助小白们进一步理解产品。当然，不同的产品，投资目标、投资思路和投资工具都是不一样的，要具体问题具体分析，合理使用相应的工具，在获得比较好的理财结果的同时避免较大风险。